읽어도
읽은 게
아니야!

읽어도 읽은 게 아니야!

핵심을 파악하고 생각을 더하며 읽는 방법

1판 1쇄 발행 | 2023년 3월 15일
1판 3쇄 발행 | 2024년 5월 13일

지은이 | 이승화
펴낸이 | 김경배
펴낸곳 | 시간여행
디자인 | 디자인[연:우]
등 록 | 제313-210-125호 (2010년 4월 28일)
주 소 | 경기도 고양시 덕양구 지도로 84, 5층 506호(토당동, 영빌딩)
전 화 | 070-4350-2269
이메일 | jisubala@hanmail.net

종 이 | 화인페이퍼
인 쇄 | 한영문화사

ISBN 979-11-90301-24-4 (03700)

읽어도 읽은 게 아니야!

핵심을 파악하고 생각을 더하며 읽는 방법

이승화 지음

시간여행

| 들어가는 글 |

읽기를 굳이 공부해야 하나요?

제목처럼 질문을 하시는 분은 살면서 '읽기' 때문에 막막했던 적이 없으셨을 거예요. 글자만 보면 머리가 아픈 분, 읽어도 남는 게 없는 분, 혼자 다른 생각을 해서 당황했던 분, 나도 모르게 책을 외면하는 분, 말귀 못 알아듣는다고 잔소리 들은 분, 대화가 안 통해서 관계 맺기에 어려움을 겪는 분 등등 다양한 문제가 읽기 능력과 깊은 관련이 있습니다. 읽기는 글자에만 한정하지 않아요. 쉽게 대화라고 생각해 주세요. 태도와 능력 모두 관련되어 있습니다.

예를 들어, 함께 카페에서 이야기하는 두 커플이 있습니다. 한 사람은 열심히 이야기하는데, 상대방은 스마트폰 게임을 하고 있어요. 듣고 있냐고 물으면 건성으로 "어~ 말해~"라고 합니다. 이런 상황에서 화자는 벽에 대고 이야기하는 마음이 들 거예요. 청자는 상대방의 이야기를 제대로 이해할 수 있을까요? 우선 듣고 이해하고 싶은 마음은 있을까요? 생각만 해도 못마땅하죠.

글쓴이도 마찬가지입니다. 요즘 가장 큰 문제는 '안 읽는 사람들'입니다. 읽고 이해하려는 노력, 의지가 부족한 분들이에요. 오히려 "요즘 누가 줄글을 읽느냐?! 동영상으로 찍어 보내 달라!"고 역정을 내는 분도 있습니다. 내가 쓴 글을 상대방이 건성으로 읽는다면, 집중해서 반응하지 않는다면 그 글은 휘발되고 맙니다. 그래서 우선 태도부터 정립해야 해요. 작가의 글을 집중해서 읽고 있는가! 여기에서부터 상호존중의 대화가 시작됩니다. 유행어를 빌려 한 마디 한다면, '중요한 건 읽으려는 마음!'입니다.

모두가 유명 강사처럼 말을 잘하면 좋겠지만 직장 상사부터 친구, 가게 사장님이 모두 '말 잘하는 사람'은 아닐 것입니다. 횡설수설하기도 하고, 중언부언하기도 하고, 삼천포로 빠지기도 해요. 그런데도 우리는 사회생활을 하면서 그분들과 소통하며 지내야 합니다. 더욱더 귀를 기울이며 듣고, 적절하게 반응하려고 애써야 합니다. 그래야 원활한 관계를 유지하니까요.

글쓰기도 마찬가지입니다. 모두가 흥미롭게 책을 만들고, 깔끔하게 메일을 잘 쓰고, 명쾌하게 보고서를 작성한다면 좋겠지만 현실은 그렇지 않지요. 우리는 그런 상황에서도 상대방이 무슨 말을 하고 싶은지 이해하려고 노력해야 합니다. 그래야 앞으로의 일을 매끄럽게 진행할 수 있습니다.

상대방과 아주 중요한 회의를 한다는 마음으로 글을 접하세요.

이상형과의 소개팅을 생각해도 좋아요. 그럼 상대방에게 깊은 관심을 기울이고 초집중해서 경청할 겁니다. 상대방이 어려운 말을 쓰면, 추론하고, 검색하며 메시지를 이해하고 반응합니다. 적극적인 리액션으로 상호작용하며 좋은 관계를 맺으려고 노력할 거예요. 그런 읽기 자세만으로도 많은 부분이 좋아집니다.

유아 한글 프로그램부터 초등학생 독서 코칭 프로그램, 청소년 독서 논술 프로그램, 성인 독해력 프로그램 등등 다양한 연령대 분들의 '읽기'에 관심을 가져왔습니다. 그중 〈독해력 향상 프로그램〉을 통해 읽기에 갈증이 있는 청소년과 대학생, 성인들을 만나면서 비문학 칼럼 읽기 코칭을 꾸준히 진행했습니다. 객관식 문제의 답을 찾는 것이 아니라 집단지성으로 해석해 나가는 방식이지요.

정답과 오답이 문제가 아니라, '왜 그렇게 생각하는지?' 관심을 두는 것이 읽기 코칭의 시작입니다. 몇 번의 질문과 피드백이 오고 가면 스스로 무엇을 놓쳤는지, 어떤 부분이 취약한지, 보완할 점은 무엇인지를 깨달을 수 있었어요. 반복된 훈련이 함께하면서 읽기 능력이 향상되는 것을 느꼈습니다. 능력이 향상되면서 읽기가 재미있어졌다는 수강생들의 후기도 많이 만났습니다.

학업능력을 키우는 청소년과 대학생, 특정 시험을 준비하는 취준생, 진급 시험을 준비하는 직장인, 이해력을 키우고 싶은 분, 어려운 책에 도전하고 싶은 분 등등 다양한 분을 만났어요. 목적은 조금씩 달라도 독해력의 근본 원리는 다르지 않았습니다. 그 내용을 바탕으로 한 권의 책을 구성했습니다.

제1장에서는 읽기의 개념을 정리하며 체계적 읽기의 중요성을 알려줍니다. 말귀와도 관련이 있어요. 제2장은 많은 분이 관심 있는 어휘력과 배경 지식 기르는 방법을 전해요. 정리하는 습관이 중요합니다. 제3장은 읽기의 꽃, 내용 요약과 핵심 메시지 찾기입니다. 통찰력을 기르는 과정이에요. 제4장은 시야를 넓혀서 글의 구조와 전략을 파악하는 방법을 알려줍니다. 대표적인 패턴만 알아도 독해에 큰 도움이 돼요. 제5장은 상황과 맥락을 통해서 숨어 있는 의미를 파헤치며 비판적으로 접근하는 방법입니다. 호락호락하지 않은 글을 상대할 때 중요한 마음가짐이에요. 제6장은 나만의 생각을 더하는 방법입니다. 쓰기와도 깊은 관련이 있어요.

실제 코칭 사례를 많이 담으려고 했습니다. 그러다 보니 비문학 내용이 중심이고, 신문 칼럼 이야기가 많이 나와요. 공통되는 부분도 있지만, 설명하고 주장하는 글을 중심으로 정리했습니다. 코칭 때 활용한 칼럼은 마지막 참고문헌에 담았습니다. 인터넷에 제목을 검색하면 바로 읽을 수 있으니 참고하여 실습하셔도 좋습니다. 여러분의 즐겁고 유익한 읽기를 응원합니다.

2023년 2월 어느날

이승화 올림

차 례

제4장 글의 구조, 숲과 나무 함께 보기

제5장 '진짜' 의미를 파헤치는 법

01 읽기는 결국 대화다

'난독 시대' 당신만의 일이 아니다! | 읽기는 글쓴이와의 상호작용이다 | 읽기는 사실 즐겁다

02 말귀가 어두운 당신에게 필요한 것은?

동문서답을 피하자 | 결국은 이해력 | 태도의 문제, 마음을 다스리자

03 읽기에도 전략과 단계가 있다

잘 읽는다는 것은 무엇일까? | 전략에 맞는 다양한 독서법 | 체계적인 읽기 5단계

[코칭 이야기 1] 집중력 / 이해력 영역

제1장

읽기란 무엇인가?

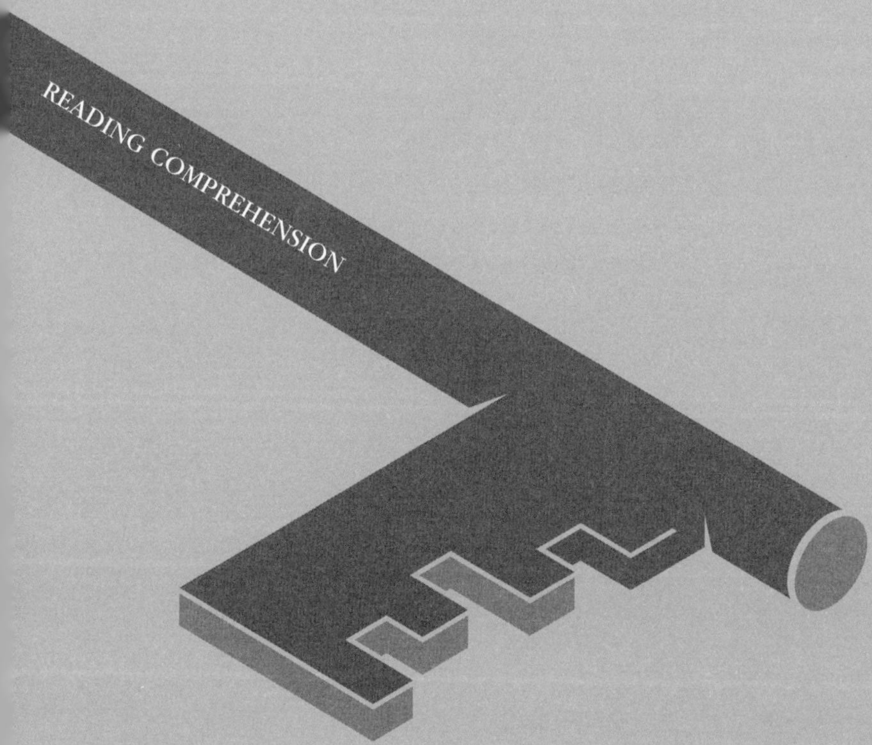

읽기란 무엇일까

READING COMPREHENSION

운동할 때, 근력을 키우기 위하여
조금씩 힘든 도전을 하듯 독해력도 다양한 분야의 글에 도전하며
직접 읽어내야 기를 수 있습니다.
그리고 이 힘은 다른 상황에도 전이가 됩니다.

01 READING COMPREHENSION

읽기는 결국 대화다

'난독 시대', 당신만의 일이 아니다!

2019년 SBS 스페셜 〈난독 시대〉에서부터 줄곧 제기되어 온 읽기 능력에 대한 문제가 2021년 EBS 〈당신의 문해력〉에서 정점을 찍고 있습니다. 많은 분이 학생들 걱정을 하지만, 성인의 읽기 능력도 심각한 수준입니다. 2022년 〈당신의 문해력+〉는 성인들의 이야기만 콕 집어서 이야기할 정도니까요.

흥미로운(?) 문해력 논란 사례를 몇 가지 언급하겠습니다.

2019년 영화 〈기생충〉이 큰 인기를 얻었고, 유명한 영화평론가는 멋있는 한 줄 평을 남겼습니다. "상승과 하강으로 명징하게 직조해 낸 신랄하면서 처연한 계급 우화" 이 한 줄 평에 한자어가 많이 들어가죠. 거기다 '명징', '직조' 같은 낯선 어휘가 들어가 사람들은 이해하기 힘들었고, 심지어 비판했습니다.

2020년 광복절이 토요일이어서, 월요일이 대체공휴일로 바뀌면서 토·일·월요일이 연휴가 되었습니다. 이 기쁜 소식에 많은 기자가 "15~17일 사흘 연휴"라고 기사를 썼어요. 그런데 사람들은 "3일을 왜 4일이라고 하느냐, 기자가 숫자도 못 세느냐?"는 식의 비난조로 댓글을 달았습니다. 하루, 이틀, 사흘, 나흘이 익숙하지 않아서 사흘을 3일이 아니라 4일로 이해한 것이죠.

2021년 대학생 커뮤니티에 올라온 글이 화제였습니다.

"금일 자정까지 과제 제출하기 바랍니다."라는 공지를 보고 금요일까지라고 이해한 학생의 사연이었지요. 교수님이 "금일은 금요일이 아니라 오늘이라는 뜻입니다."라고 뜻을 알려주자 "학생을 평가하는 위치에 있으시면서 오해의 소지가 있는 단어를 사용하면 안 되는 것 아닌가요?"라고 당당하게 교수님께 따지기도 했습니다.

2022년 서울 한 카페가 웹툰 작가 사인회를 준비하는데 예약 과정에서 문제가 생겼습니다. 그리고 그 문제에 대해 사과문을 작성해서 SNS에 올렸습니다. [예약 과정 중, 불편 끼쳐 드린 점 다시 한번 심심한 사과 말씀드립니다.] 여기까지는 아주 자연스러워요. 하지만 사과문에 달린 댓글 반응은 예사롭지 않았습니다. "난 하나도 안 심심해, 사과가 왜 심심한데, 심심해하지 마" 등, 날 선 비판이 많았어요. '마음의 표현 정도가 매우 깊고 간절하다'라는 의미가 아니라 '하는 일이 없어 지루하고 재미가 없다'라는 의미로 받아들인 것입니다.

이외에도 많은 것들이 있습니다. 학교 가정통신문에 '중식 제공'이라고 적었더니, 왜 한식이 아니라 중식(중국 음식)을 주느냐, 소화 안 된다는 항의 전화를 받았다는 사례도 있고요. 설명하는 글을 아무리 친절하게 보내도, 사람들이 제대로 읽지 않고 바로 전화 문의부터 한다는 서비스직종 경험담도 많습니다.

전체적으로 보면 청소년, 성인 구분 없이 많은 사례가 나옵니다. 누구나 모를 수는 있습니다. 중요한 것은 못 알아들은 사람이 당당하게 따진다는 것이에요. 내가 이해하려는 노력, 검색하려는 노력, 틀릴 수 있다는 성찰적 사고를 하지 않지요. 일말의 망설임도 없이 상대방에게 날을 세우고 손가락질합니다. 이것을 '문해 의지'라고 표현하기도 해요. 글자를 이해하려는 의지! 이 의지가 부족하니 계속 오해하고 의존하고 왜곡하는 것입니다.

여기서 김애란, 〈가리는 손〉의 한 구절이 떠오릅니다.

"'이해'는 품이 드는 일이라, 자리에 누울 땐 벗는 모자처럼 피곤하면 제일 먼저 집어던지게 돼 있거든."

인터넷에서 "3줄 이상은 읽기 힘들다", "누가 요약 좀", "그래서 결론은?"과 같은 댓글을 쉽게 볼 수 있습니다. 스스로 이해하기를 포기하고, 누군가에게 외주화하는 것이지요. 하지만 생활 속에서 글을 읽고 문제를 해결해야 하는 상황은 지속적으로 생깁니다. 남에게 의지하여 계속 살 수 없어요. 학습, 일상 속 소통, 업무 보고서 읽기, 뉴스 읽기, 책 읽기 등등. 부족한 독해력이 여러분의 발목을 잡고 있습니다.

이 문해 의지가 부족한 것이 단순히 태도의 문제일까요? 수많은 태도는 능력과 깊은 관련이 있습니다. 우리가 운동할 때, 운동을 배울 때 생각해 보세요. 능력이 부족하면 재미가 없고, 힘이 더 들어가지요. 근데 어느 정도 배우면 흥미가 생기고, 더 잘하고 싶어서 열심히 배우고, 더 재미있어집니다. 그래서 읽기 코칭은 의지, 태도 문제를 능력과 연결 지어 다루는 것이 중요합니다.

읽기는 글쓴이와의 상호작용이다

앞에서 재미있는 불통 사례를 만났습니다. 의미가 엇갈리고 있어요. '금일, 사흘, 심심한 사과' 등은 모두 한자어와 관련이 있습니다. 그럼 한자어만 열심히 공부하면 문해력 논란이 해결될까요? 모두가 자유롭게 의사소통할 수 있을까요? 저는 그렇게 생각하지 않습니다.

나름 꾸준히 독서를 한 덕분에 저는 한자어에 대한 두려움과 문어체에 대한 어색함 없이 잘 살아왔습니다. 하지만 직장생활하면서 난감한 경험을 종종 합니다. 타 부서에서 채팅창으로 업무 요청이 왔을 때입니다.

"언제까지 해드리면 될까요?"

"아삽이요."

(…) 무슨 소리인가 싶어서 다시 물었습니다. 그때 알게 된 뜻이 ASAP (As Soon As Possible), 가능한 빨리 해달라는 것이었어요.

그 외에도 회사에서 사용하는 영어와 섞인 용어들이 낯설기만 했어요.

"승화 씨, 업체에 미팅 어레인지해서 팀장님 컨펌 받고, 퍼블리쉬 해주세요. 고객 컴플레인이 심하니 팔로우업 쭉 하시고요. 아삽으로 부탁해요."

짧은 메시지이지만 결국 보내는 사람과 받는 사람이 있습니다. 받는 사람은 이 메시지를 읽고 해석한 후에 반응해야 합니다. 한자어나 영어나 신조어나 전문 용어나…. 결국은 다 언어이고 소통의 도구입니다. '왜 말을 저렇게 해?'라고 지적하기 전에, 무슨 말을 하고 싶었는지 함께 이해하려고 노력해야 합니다. 그것이 건강한 소통의 시작이죠.

그래서 저는 읽기를 대화에 비유하곤 합니다. 원활한 소통을 위해서 동문서답하지 않으려면, 상대방의 말을 잘 알아들어야 합니다. 그런 후에 그 말에 공감할 수 있고, 반박할 수도 있고, 행동할 수 있습니다. 우선 이해가 필수입니다. 물론, 상대방이 말을 제대로 못 할 수도 있어요. 그렇게 '개떡같이 말해도 찰떡같이 알아듣도록' 노력해야 합니다. 내가 능동적으로 잘 듣는다면, 중간중간 질문하면서 이해 안 되는 부분을 채워나갈 수 있거든요. 글도 마찬가지입니다. 일차적으로 이해하기 위하여 우리는 많은 요소를 활용합니다. 독해력이나 문해력 모두 이해를 기반으로 한다는 공통점이 있습니다.

- 독해력(Reading comprehension): 글을 읽어서 뜻을 이해하는 능력
- 문해력, 문식성(Literacy): 문자를 읽고 쓸 수 있는 능력(텍스트를 이해하고 표현할 수 있는 능력)

한글을 모르는 사람은 없습니다. 소리 내어 읽는 것은 한글을 아는 사람 누구나 할 수 있지만, 의미를 이해하는 것은 다른 문제입니다. 대부분 쉬운 글은 곧잘 읽어도, 조금만 불친절한 글이나 새로운 정보가 담긴 글을 만나면 막막해합니다. 이해를 바탕으로 한 읽기 능력에 영향을 주는 복합적인 요소들을 살펴보겠습니다.

- 어휘력: 읽기 힘든 글일수록 낯선 어휘, 고급 어휘, 전문 어휘가 포함되어 있습니다.
- 문법적 이해: 주어 + 목적어 + 서술어, 접속사 등은 의미 파악과

직결되어 있습니다.

- 배경 지식: 내가 알고 있는 주제, 익숙한 주제는 훨씬 쉽게 이해합니다.
- 상황 맥락: 같은 말과 글도 상황과 맥락에 따라 다른 의미가 있습니다. 센스가 중요!
- 심리 태도: 나의 편견과 선입관 등이 왜곡된 독해를 불러오는 경우가 많습니다.
- 텍스트 난이도: 읽기 쉽고 명확한 글과 어렵고 복잡하고 추상적인 글은 분명히 다릅니다.

아무런 노력 없이, 한눈에 팍! 이해할 수 있는 메시지를 원하는 분이 많습니다. 그럼 편리하긴 하겠지만, 모든 소통을 그런 방식으로 할 수는 없습니다. 상황에 맞는 소통 방식이 있고, 사람에 따라 추구하는 스타일이 있으니까요. 나와 스타일이 다르다고 삿대질하면, 결국 의사 소통하지 않는 상대만 남습니다. 글로 하면 난독이고 말로 하면 불통이지요.

그래서 우리는 독해력, 문해력을 키워야 다양한 상황에 맞는 적합한 소통을 할 수 있습니다. 예를 들어, 쉬운 글만 찾아 읽다가 어려운 글을 읽을 때 막힙니다. 한 분야의 글만 읽다가 다른 분야의 글을 읽을 때 부족함을 느낍니다. 운동할 때, 근력을 키우기 위하여 조금씩 힘든 도전을 하듯 독해력도 다양한 분야의 글에 도전하며 직접 읽어야 기를 수 있습니다. 그리고 이 힘은 다른 상황에도 전이가 됩니다.

읽기는 사실 즐겁다

유아에서 성인까지, 독서와 미디어로 다양한 나이대의 사람을 만납니다. '어떤 미디어를 좋아하느냐', '책은 좋아하느냐'라고 자주 물어봅니다. 우선 긍정적인 대답은 나이와 반비례한다는 사실을 알 수 있습니다. 초등학교 고학년 이상이 되면 긍정적 대답이 확 줄어듭니다. 중학생 이후로는, "이런 질문 자체가 황당하다." 라는 시선이 돌아오기도 합니다.

그렇다고 모두가 책을 읽지 않느냐, 그렇지는 않습니다. 다 나름의 이유로 독서를 합니다. 하지만 그 요소에서 '즐거움'보다는 의무와 필요를 우선하는 경우가 많지요. 학생에게는 학습이라는 절대적인 의무가 있고, 학생부 반영이라는 달콤한 보상 때문에 독서를 찾곤 합니다.

성인도 평생학습의 도구로 책을 많이 찾습니다. 대표적으로 '북러닝(책을 통한 직무 능력 향상 프로그램)' 콘텐츠를 기획하면서 직장인의 학습 열정을 많이 느꼈는데요. 뚜렷한 문제를 해결하기 위하여 자기계발 도구로 독서를 활용하는 이가 늘어나는 추세입니다.

이런 시대에 단비 같은 논문을 만났습니다.

독서 이유를 '다양한 즐거움'이라는 키워드로 연구한 자료입니다. 〈성인의 독서경험 내러티브에 나타난 독서의 즐거움 유형 탐색〉(김효리, 2022)에서 연구자는 20대 대학생에서부터 60대 소설가까지 6명의 연구 참여자와 독서에 대한 깊은 대화를 나눕니다. 그리고 그 결과를 범주화하여 6가지 즐거움으로 정리합니다.

많은 학부모님이 원하는 독서습관은 '태도와 흥미로서의 즐거움'에 속한다고 할 수 있어요. 또 학습의 도구로서, 새로운 정보를 습득하는 북러닝 프로그램 같은 경우 '인지적 즐거움'의 성격이 강합니다. 밤새 판타지 소설을 읽고 마음이 벅차올라 덕질을 시작하게 되었다면 '정의적 즐거움'에 가까워요. 여기까지가 대표적인 독자의 욕구라고 할 수 있습니다.

이어서 문화적인 트렌드를 바탕으로 영역이 더 세분화됩니다. 요즘 화젯거리인 재테크 도서들은 직접 삶을 바꾸는 '실천적 즐거움'을 자극하지요. 함께 읽고 나누는 독서 모임은 '사회적 즐거움'의 가치를 전파하고 있어요. 마지막으로 책은 인테리어다! 출판계의 리커버 도서 인기를 불러일으키는 소비자들은 '물리적 즐거움'의 매력에 흠뻑 빠졌습니다. 매력적인 공간의 독립책방과 북 콘서트도 같은 맥락이에요.

이렇게 보면 우리가 책을 읽는 이유, 글을 읽는 이유는 결국 '즐거움' 때문입니다. 이 즐거움을 누리기 위해서는 기초 근육이 필요

<table>
<tr><th>경험 지점</th><th>독서의
즐거움 유형</th><th>독서의 즐거움 내용 주제</th></tr>
<tr><td>I. 독서 시작
즐거움
(①~②)</td><td>1. 태도와
흥미로서의
즐거움</td><td>① 태도로서의 즐거움(이전에 경험한 독서의 즐거움에 근거): 장기간에 걸쳐 형성된 독서나 독서 자료에 대한 개인의 느낌이나 감정, 마음가짐
② 흥미로서의 즐거움(독서 자료의 저자, 내용, 장르, 물성 등에 근거): 독서 자료에 대한 개인의 선호나 취향</td></tr>
<tr><td rowspan="3">II. 독서 중
즐거움
(③~⑧)</td><td>2. 인지적 즐거움</td><td>③ 배움·앎의 즐거움: 새로운 것을 배우고 알게 되는 즐거움 / 영감·깨달음 얻음의 즐거움
④ 생각의 즐거움: 회상 / 상상 / 탐색 / 추론 / 해석 / 평가의 즐거움</td></tr>
<tr><td>3. 정의적 즐거움</td><td>⑤ 몰입의 즐거움
⑥ 감상의 즐거움
⑦ 다양한 감정 경험의 즐거움: 메타 감정으로서의 즐거움 / 심리적 긴장 이완의 즐거움</td></tr>
<tr><td rowspan="3">4. 실천적 즐거움</td><td>⑧ 자기 생성 작업의 즐거움: 자기 인식의 즐거움 / 자기 탐색의 즐거움 / 자기 구성의 즐거움</td></tr>
<tr><td>III. 독서 후
즐거움(⑧~⑨)</td><td>⑨ 의미 확장의 즐거움: 회고의 즐거움 / 성찰의 즐거움</td></tr>
<tr><td rowspan="3">IV. 독서 외 관련
활동의 즐거움
(⑩~⑯)</td><td>⑩ 활용의 즐거움: 효용의 즐거움 / 문제 해결의 즐거움
⑪ 생산의 즐거움: 기록의 즐거움 / 창작 활동으로 연결되는 즐거움</td></tr>
<tr><td>5. 사회적 즐거움</td><td>⑫ '연결되기', '함께하기'의 즐거움: 참여 / 공유 / 교류 및 소통 / 의미 확장 / 연대의 즐거움
⑬ 자기표출의 즐거움: 정체성을 드러내고 확인하는 즐거움 / 있어 보이고 싶은 욕망을 채우는 과시의 즐거움</td></tr>
<tr><td>6. 물리적 즐거움</td><td>⑭ 책의 물성을 누리는 즐거움(표지, 질감, 판형, 레이아웃, 종이의 냄새 등)
⑮ 구매 · 소장의 즐거움(책, 책 관련 물건 등)
⑯ 독서 문화 공간에 가는 즐거움(책방, 전시회, 북 콘서트, 저자 강연 등)</td></tr>
</table>

〈표〉 성인의 독서경험 전개(내러티브)에 따른 독서의 즐거움 유형

합니다. 우리가 처음 운동을 시작할 때는 낯설고 재미가 하나도 없다가, 조금 익숙해지면 흥미가 생깁니다. 그리고 더 잘하고 싶어지고, 실력이 늘면서 즐거움이 많아지지요. 읽기 능력도 마찬가지입니다. 어쩔 수 없이 읽기 코칭을 시작한 수강생 중, 많은 분이 '읽는 재미를 알았다'라고 말합니다. 학생부터 성인, 모두가 이구동성으로요.

즐거움을 위하여 함께 '읽기 능력'을 키워보아요.

02 READING COMPREHENSION

말귀가 어두운 당신에게 필요한 것은?

동문서답을 피하자

주로 독서법과 독서 토론 강의를 진행하는 중, 흥미로운 강의 제안을 받았습니다. 성인들이라 어차피 책을 잘 읽지 않으니, 의사소통에 관한 강의를 해달라고 하더군요. '왜 말귀를 못 알아들을까?'가 메인 주제였습니다. 평소 진행하는 독서 토론에서 '독서'만 빼면 되는 부분이라 가볍게 승낙하였고, 강의도 재미있게 진행했습니다. 다들 공감하는 요소가 많았으니까요.

담당자는 복습용으로 강의를 촬영해 주셨고, 기울어진 핸드폰 화면이 적나라하게 드러난 어두침침한 영상을 받았습니다. 마이

크를 사용하지 않아 소음이 많이 들어간 부족한 콘텐츠지만, 간단한 자막을 달아 유튜브에 올렸어요. 말귀 어두운 주변 사람들에게 링크를 공유해 주려고요.

예상외로 이 유튜브 콘텐츠는 많은 사람이 시청하고 댓글을 달아 주었습니다. 각자 마음고생 한 사연이 구구절절 담겨 있었어요. 학원 선생님께 답답하다고 혼난 이야기, 직장 상사한테 갈굼(?) 당한 이야기, 무슨 말인지 몰라 혼자 엉뚱하게 반응한 경험이 가득했습니다. 이 주제로 이렇게 많은 분이 가슴앓이하고 있는지 전에는 몰랐어요. 읽기와 듣기는 밀접한 부분이 많기 때문에 간단히 다루려고 합니다.

가장 먼저 해드리고 싶은 조언은 '모두 당신의 탓은 아니다'라는 말입니다. 소통은 쌍방향을 전제로 하기에, 불협화음이 생긴다면 모두에게 책임이 있는 것입니다. 말하는 사람이 제대로 말하지 않았을 가능성도 크다는 이야기지요. 하지만 대부분의 사연은 다시 묻기 어려운 직장 상사거나 선생님을 대하는 경우가 많았습니다. 그럼 이때 우리는 복합적인 노력을 해야 합니다.

우선은 내가 어떤 상황에서 제대로 알아듣지 못하였는지 파악해야 합니다. 항상 그렇다면 병원에서 진단을 받아보시는 것도 필요합니다. 실제로 '소음성 난청'으로 고생하는 분이 많이 있어요. '난청 자가 진단 리스트' 검색하면 간이 진단지를 쉽게 구할 수 있어요. 진단하는 과정에서 평소 생활 습관을 돌아볼 수 있어 유익

합니다.

항상 그렇지 않다면, 여러 가지를 고려할 수 있어요. 10명 중 9명은 괜찮은데, 1명이랑 대화할 때만 그런 상황이 발생한다면? (대상의 문제), 집에서는 괜찮은데 학교나 직장에서만 머리가 멍해진다면? (공간의 문제), 주로 혼나는 시간대가 정해졌다면? (시간의 문제), 반복하여 두통과 속 쓰림이 동반된다면? (심리의 문제), 특정 주제에서만 문제 상황이 심해진다면? (배경 지식의 문제)

평소에 그런 말을 들은 적이 없었는데, 직장 사수한테만 말귀 어둡다고 자주 혼나는 분이 있습니다. 그 사수는 굉장히 함축적인 대화를 구사하는 분이었고, 그런 소통 방식이 굉장히 낯설었던 것입니다. 모두가 여러분에게 조곤조곤, 아나운서처럼 친절하게 말해주면 좋지만, 현실은 그렇지 않아요. 그렇게 말 잘하는 분, 글 잘 쓰는 분을 만나기가 더 어렵습니다. 상대방을 바꿀 수 없다면, 결국 만나는 대상을 연구하여 나의 이해도를 높이는 것이 좋습니다. 빠르게 적응하는 방법이에요.

영화 〈맨발의 기봉이〉를 보시면 기봉이가 하는 말은 정말 알아듣기 힘듭니다. 하지만 기봉이와 오랜 시간을 함께한 할머니는 자동 번역이 가능합니다. 아이들의 어눌한 발음을 부모님은 다 듣고 이해합니다. 방언이 심하신 분과 대화할 때, 타지방 사람은 당황하지만, 지인은 소통에 전혀 문제가 없죠.

저의 어린 시절에 새겨진 강렬한 경험이 하나 있어요. 초등학교

시절, 방학 기간에 큰아버지 댁에서 한 달 동안 지냈습니다. 또래도 있고, 중학생 누나와 고등학생 형도 있었어요. 그때 누나가 큰어머니에게 한 말이 지금까지 기억에 남습니다.

"엄마! 승화가 하는 말, 못 알아듣겠어."

저희 엄마는 성격이 급하시고 말도 빠르신데, 그 환경 속에서 자란 저도 속사포 랩을 시연하고 있었지요. 저는 익숙했지만 느긋한(?) 환경 속에서 살았던 친척들은 제 말이 낯설었던 것입니다. 하지만 시간이 지나 서로 적응하면서 별문제 없이 한 달을 잘 지냈습니다. 말하는 사람 처지에서 듣는 사람을 배려하고, 듣는 사람 상황에서 말하는 사람을 배려한다면 많은 부분을 해결할 수 있을 것입니다. 우리는 모두 말하는 사람(화자)이자 듣는 사람(청자)이기 때문에, 나를 알고 상대방을 아는 것이 모든 소통의 기본입니다.

결국은 이해력

이런 질문을 많이 받습니다.

"책을 많이 읽으면 말도 잘 들리나요?"

그렇습니다. 깊은 관련이 있어요. 평소에 입력(Input)과 출력(Output)이란 말을 많이 쓰죠. 듣기와 읽기는 모두 입력, 수용 능력이에요. 말하기와 쓰기는 아웃풋, 표현 능력입니다. 눈이냐, 귀냐, 감각기관이 다르지만 결국 메시지를 엮어서 뽑아내는 것은 '뇌'니까 서로 영향을 주고받아요.

앞에서 잠깐 이야기한 것처럼 청각 능력, 시 지각 능력에 신체적 문제가 있다면 꼭 병원에서 치료를 받아야 해요. 이런 문제가 아니라면 읽기와 듣기 모두 '이해력'이라는 키워드로 설명할 수 있어요. 특히 평상시는 괜찮은데, 특정 주제에서만 바보가 된 것같이 멍하다면, 99%입니다. 읽기는 이후 자세히 다루고, 듣기부터 보겠습니다.

물론 글이 말보다 더욱더 체계적입니다. 구어체보다 문어체가 더 딱딱하게 느껴지기도 해요. 다시 말하면, 말은 대충대충 하기 쉬워요. 주어를 생략하고~, 서술어도 얼버무리고~, 문장 매듭도 짓지 않고~, 그냥 툭툭 뱉는 경우가 많습니다. MBN 〈황금알〉이라는 예능 프로그램에서 "거시기에는 125가지 뜻이 있다"라는 주제로 강의하기도 했어요. 한 마디가 엄청나게 복합적인 의미로 활용되는 것을 볼 수 있죠. 거기다 말은 한 번에 쓱 지나갑니다. 글은 반복해서 읽을 수 있지만, 다시 말해달라고 하는 건 한계가 있어요.

이런 상황을 '고맥락 문화'라고 말하기도 합니다. 해당 말에는 나와 있지 않지만, 앞뒤 문맥과 맥락을 통해서 이해해야 할 부분이 많은 것이지요. 그래서 글을 읽는 독자보다 청자가 추론해야 할 부분이 더 많습니다. 집중도 더 많이 해야합니다.

이런 차이를 제외하고 똑같은 텍스트를 듣고 읽는다면, 어휘력과 배경 지식이 이해력에 큰 영향을 미칩니다. 외국어를 공부할 때, 모르는 어휘는 애매하게 들리는데, 아는 단어는 기가 막히게 쏙쏙 들리는 경험을 합니다. 드라마 〈미생〉에서 장그래가 새로운 무역 업무를 하면서 무역 용어를 정리하여 공부하는 장면이 나옵니다. 처음에는 선배들이 하는 말을 하나도 알아듣지 못하다가, 용어들을 익히니 조금씩 이해하게 되는 것이에요.

이는 배경 지식과 관련이 있습니다. 내가 모르는 주제, 낯선 주제는 바로바로 입력되지 않습니다. 그러니 알아듣지 못하고 자꾸 헤맵니다. 저도 새로운 분야를 공부할 때 자주 느끼는 상황입니다. 수업 초반에는 교수님의 말씀이 잘 와닿지 않다가, 중반이 넘어가면서 배경 지식이 쌓이면 말이 쏙쏙 들어옵니다. 해당 주제에 대한 스키마(schema, 도식)가 형성되는 것이죠.

실제로 학원 과학 선생님께 말을 못 알아먹는다고 혼났다는 학생의 댓글이 있었는데요. 특정 과목에서만 그런 소리를 듣는다면 과목 자체에 대한 이해력 부족일 수 있어요. 그때는 해당 과목, 단원에 관한 공부를 열심히 하면 됩니다. 그런 과정을 거치다 보면 '아~ 선생님 말씀이 이런 뜻이었구나!'라고 깨닫는 경우도 생길 거예요.

많은 신입 직장인의 고충이기도 합니다. 마음은 잘하고 싶은데,

뜻대로 되지 않지요. 성질 급한 상사를 만난다면 더 움츠러들기 마련이에요. 낯선 공간, 해보지 않은 업무 속에서 허둥대며 자괴감까지 생깁니다. 그때마다 장그래를 떠올려 보세요. 묵묵하게 자신의 성을 지어 나갈 수 있을 것입니다.

사실, 신입만의 문제는 아니에요. 무엇이든 빠르게 변하는 시대에, 새로운 업무에 적응하는 많은 분이 겪는 고민입니다. 저 또한 천생 문과생이었다가 새로운 디지털 관련 업무를 하면서 IP, 연동, 서버, 프론트엔드, 백엔드…. 등등 낯선 어휘 속에서 헤맸습니다. 아니, 헤매고 있습니다. 하지만 IT 관련 책을 하나둘 읽고, 유튜브 영상을 찾아보면서 조금씩 귀가 트이는 경험을 하고 있어요.

분명 이해가 빠른 분이 있습니다. 낯선 분야도 머리가 재빠르게 돌아가고, 습득도 빠르죠. 하지만 모두 그렇지는 않아요. 조금 천천히 습득하는 분도 있습니다. 사람마다 성향이 다르니까요. 빠르게 이해하는 센스 자체를 기르기는 쉽지 않습니다. 저런 사람이 되고 싶다고 생각하면 너무 멀게 느껴져 포기를 선택합니다.

자신의 자리에서 문제를 해결하는 것이 중요합니다. 그런 관점에서 이는 속도의 문제일 뿐이에요. 내가 막히는 영역에 대해 조금 더 공부하면 됩니다. 해당 분야에 대한 어휘력을 다지고, 배경지식을 쌓는다면 말귀가 어둡다는 소리를 더는 듣지 않을 거예요. 좌절할 필요 없습니다. 운동하며 근육을 단련하듯이 훈련하면 됩니다. 저는 오디오북을 강력 추천합니다. 귀로 듣고 눈으로 읽으며, 서로 비교분석도 가능해요. 같은 텍스트가 다른 방식으로 입력되는 경험을 꼭 해보세요.

태도의 문제, 마음을 다스리자

앞에서 9명과는 대화가 잘 통하는데, 1명의 말은 유난히 듣기 힘들다는 사례를 예시로 들었습니다. 그럼 1명은 말을 제대로 못하는 사람일 수 있죠. 그런데 역으로 그 발화자가 모두와 대화가 잘 통하는데, 나랑만 통하지 않는다면 그 사람의 말하기 능력을 탓할 수 없습니다. 그럼 무엇이 문제일까요?

이때 두 사람의 관계를 들여다볼 필요가 있습니다.

첫째, 청자가 발화자(화자)를 존중하지 않는 상황입니다.

A가 B를 존중하지 않는다면, B가 말할 때마다 딴청을 피우며 집중하지 않을 것입니다. 대충대충 듣는 것입니다. 집중하지 않으니 내용을 제대로 수용할 수 없지요. 그런 상태에서 반응하면 영혼 없는 리액션이 되고, 동문서답이 될 위험이 있어요. 그러면서 서로 대화가 안 통한다고 생각할 겁니다.

똑같은 말도 내가 애정하는 멘토 선배가 하면 유용한 조언이고, 내가 무시하는 선배가 하면 꼰대질입니다. 유용한 조언은 머리와 마음에 깊이 새기고 잘 수용한다면 꼰대질은 흘려듣고 맙니다. 겉으로 끄덕끄덕 귀를 열고 들어도, 무의식적으로 중요하지 않은 정보로 처리하는 것이죠. 'A는 원래 그런 사람이잖아'라는 인식이 박히면, A가 C를 이야기 하여도, A+와 연결 짓게 됩니다. 추론이 과하면 왜곡이 됩니다.

그럴 때일수록 발화자에 대한 선입견과 편견을 버리고 메시지 자체만을 집중해서 듣도록 노력해야 합니다. 상대방과 나의 관계를 인식하고, 인정하며, 자신의 태도를 점검하는 것이 중요합니다. 이때, 메모하는 태도가 필요합니다. 집중해서 듣겠다는 자세이기도 하니까요.

둘째, 청자의 가치관과 발화자의 가치관이 충돌하는 경우입니다.

흔히 고집이라고 말하는 부분이지요. 나의 신념이 강한 영역에서는 외부에서 들어오는 메시지가 다 깔때기를 거쳐서 들어옵니다. 내가 보고 싶은 것만 보고, 듣고 싶은 것만 듣는 인지 편향의 전형적인 사례이지요. 메시지 자체를 왜곡해서 듣고 반응하니까, 말하는 사람 처지에서는 답답합니다. 서로 우기기만 하는 꼴이니까요.

석사 논문을 쓸 때, 독서 모임 내용을 모두 녹음하고 옮겨 적은 적이 있습니다. 녹음한 내용을 다시 들으며 놀란 점은, 나의 당시 기억과 같지 않다는 것입니다. 조금씩 내 생각과 유사하게 해석하는 경향이 있었습니다.

"어라, 나한텐 그때 다르게 들렸는데…."

가벼운 취향 모임이라 다행이지, 중요한 회의나 안건이 오고 가는 상황에서는 치명적인 실수가 나올 수 있었습니다.

그런 의미에서 반복하여 듣기 문제가 생긴다면 녹음하는 것을 추천합니다. 실제로 회의할 때 내용을 옮겨 적는 서기 역할을 하는 분이 있어요. 요즘은 네이버 클로바 노트로 회의 내용을 녹음하고 이후에 다시 보며 정리하는 때도 많습니다. 객관적인 데이터로 나를 점검하고 생각을 정리하는 것은 큰 도움이 됩니다.

셋째, 심리적으로 위축된 경우입니다.

대화 주제와 안 좋은 인식이 결합하여 있거나, 발화자에 대하여 위압감을 느끼는 상황, 긴장감을 과하게 느끼는 공간 등, 심리적 문제로 메시지 자체에 집중할 수 없게 됩니다. 모든 능력적인 면을 충족하여도 심리적 불안감 때문에 듣기에 악영향을 끼칩니다.

듣기 문제에 대해 고민하는 많은 직장인이 상사에 대한 위압감을 이야기합니다. 사수 앞에만 서면 작아지고, 머리가 멍해지고, 내용 이해가 안 된다고 합니다. 전에 혼났던 경험이 얽히면서 심리적으로 위축되고, 메시지에 집중할 수 없지요. 자주 혼날수록 더욱 위축되고, 말은 더 안 들리고, 일은 더 못하고, 또 혼나고, 또 위축되고…. 악순환입니다.

멘탈을 강화하는 것이 최우선입니다. 자주 마주치는 사람일수록, 언젠가는 극복해야 할 상황이니까요. 자존감을 키우고 당당하게 대화의 상대를 응시해야 합니다. 이것이 힘들면 상대방을 다르게 인식하려고 의도적으로 노력하는 방법도 좋아요. A 앞에만 서면 나도 모르게 위축된다, 그럼 A를 B라고 생각하며 내용에 집중해야 합니다. 최대한 나를 편하게 해주는 대상을 떠올리며 안정을 취해요. 그 상황에서 메모나 녹음기 같은 도구도 같이 활용하면 심리적으로 든든합니다.

03 READING COMPREHENSION

읽기에도 전략과 단계가 있다

잘 읽는다는 것은 무엇일까?

많은 분이 읽기 코칭을 받습니다. 학생부터 성인까지, 잘 읽고 싶어서 수업을 듣습니다. 그때마다 저는 '잘 읽는다는 것'이 무엇인지 다시 여쭈어봅니다. 사람들이 생각하는 '잘 읽는 사람의 모습'도 가지각색입니다. 몇 가지만 정리해 볼게요.

- 국어 시험 점수 잘 나오는 것
- 읽으면 바로 핵심을 파악하는 것
- 내용을 빨리 읽고 오래 기억하는 것

- 비판적으로 읽고 깊게 생각하는 것
- 지혜를 얻고 삶에 적용하는 것

그리고 이런 갈증을 해소하기 위해서 독서법 책을 찾기도 합니다. A책은 아주 천천히 곱씹으며 읽고, 마음속에 새긴다는 생각으로! 필사까지 하라고 합니다. B책은 바쁜 시대에는 속도가 경쟁력이니까! 책 한 권을 10분 만에 읽으라고 합니다. C책은 양이 질로 전환되니까! 무조건 목표 권 수를 정하고 많이 읽으라고 합니다. D책은 거의 외운다는 마음으로! 한 권이라도 7번 반복해서 읽으라고 합니다. E책은 상호보완 효과가 날 수 있으니! 책 10권을 동시에 읽으라고 합니다. F책은 글을 음미할 수 있도록! 소리 내어서 읽으라고 합니다.

다 일리가 있고, 나름의 성공 사례도 있습니다. 적어도 책의 저자는 그 방법에 대한 신뢰가 가득한 상태이지요. 그런 면에서 절대적으로 올바른 독서법은 없습니다. 같은 방법을 사용해도 누군가에게는 효과적인데, 누군가에게는 쓸모없을 수 있어요. 또 어떤 책에는 적절한데, 어떤 책에는 비효율적일 수 있습니다.

역으로 생각해서, 못 읽는 것은 무엇일까요? '잘 읽는 것'이란 질문에 비하면 이번 질문의 대답은 하나로 수렴됩니다. 읽어도 무슨 내용인지 이해가 안 될 때, 사람들은 답답함을 느끼고 도움받길 원합니다. 이런 반응은 시사하는 바가 큽니다. 핵심을 파악하고,

비판하고, 지혜를 얻고, 삶에 적용하고…. 이 모든 행위의 전제는 내용 이해가 된 상태라는 것입니다.

우리는 독서 교육학적으로 이야기하는 '능숙한' 독자에 대해서 다룰 예정입니다. 그것은 바로 목표와 상황에 맞게 전략적으로 읽는 사람이죠. 그러기 위해선 기초적으로 글을 이해하는 능력, 중심이 잘 잡혀 있어야 합니다. 그래야 상황에 맞게 응용할 수 있습니다. 기초 독해력을 바탕으로 유연하게 확장할 수 있는 읽기 능력을 키워야 합니다.

전략에 맞는 다양한 독서법

읽기는 우선 목적을 명확하게 하는 것이 좋습니다. 나의 상황을 파악하는 메타인지 능력이지요.

가장 기초적인 것은 정독입니다.

정독은 보통 속도대로 차근차근 글을 읽어야 합니다. 특히, 책은 작가와 편집자가 하나의 흐름, 기승전결에 맞게 구조화한 작품입니다. 그 구조의 틀, 뼈대가 목차입니다. 인터넷에서 떠도는 파편화된 글과는 다르죠. 그 흐름을 따라가다 보면 작가의 의도를 이해하는데 큰 도움이 됩니다. 그 의도를 수용하고 내용을 내 것으로 만드는 과정에서 밑줄도 긋고, 두세 번 반복해서도 읽고, 메모

합니다. 다른 기능적 목표 외에 독해력 향상과 지식 습득, 내공 형성에는 이 방법이 가장 좋습니다. 천천히 곱씹으며 생각을 정리하고, 텍스트와 대화를 나누며 통찰력을 얻을 수 있어요.

단점으로 시간이 많이 들고 인내력이 필요하지만, 정독하는 과정에서 속도가 붙을 수 있어요. 해당 주제에 대한 배경 지식이 쌓인 상태거나, 글의 패턴이 비슷한 경우입니다. 그럴 때는 조금 더 낯설고, 어려운 책에 도전해 볼 것을 추천합니다. 천천히 읽고 곱씹으며, 난관을 극복하고 점령하는 독해의 맛을 느끼길 바랍니다.

다음은 발췌독과 병렬독입니다.

많은 양의 책이나 논문을 통해서 정보를 습득해야 할 때는 꼭 정독, 완독을 고집할 필요가 없습니다. 특히 비문학 책은 순서에 상관없이 목차를 보고 필요한 부분을 먼저 읽어도 상관이 없습니다. 쓱~ 보면서 필요한 부분을 표시하고, 발췌하여 읽는 방법도 유용합니다.

그리고 해당 주제에 관한 다양한 책을 나열하고 오가며 읽는 것도 주제 확장에 도움받을 수 있습니다. 도서관에서 리포트 쓸 때, 리포트 주제와 관련된 책을 옆에 쌓아두고 오가며 참고하는 식이지요.

저 같은 경우에는 책장도 주제별로 분류하여 놓고, 해당 강의나 글을 준비할 때, 이책 저책 꺼내서 표시한 부분을 참고하기도 합니다. 이런 독서법의 효과를 극대화하려면, 목적과 구조가 명확해야 하지요. 뼈대는 이미 세운 상태에서 이책 저책 참고하여 살을 붙일 때 활용합니다. 책의 목차보다 내 생각의 목차가 우선인 상황이니까요. 단점으로는 책과 글의 구조적 완결성을 놓치기 쉽다는 것입니다. 부분 부분만 발췌하니 분명 한계는 있습니다.

책을 처음부터 끝까지 읽기는 하는데, 빠르게 읽는 때도 있습니다. 훈련된 속독 이외에도 의도적으로 훑어 읽는 방식이 있지요. 대충 읽는 느낌인데요. 워낙 자료가 많고 주어진 시간이 부족하다 보니 넘기면서 목차와 소주제, 강조된 부분 위주로 읽고 넘기는 겁니다.

종이 신문을 읽을 때 이런 방법을 많이 씁니다. 기사 제목과 사진 중심으로 보다가, 관심 생기는 부분만 자세히 읽는 거죠. 시간적 여유가 없을 때 효율적으로 읽기 좋아요. 하지만 정독하지 못하고, 습관적으로 이러한 통독만 한다면 독해력과 집중력에 문제가 생길 수 있습니다. 조급증에 시달리고, 읽고 나서 아무것도 얻는 게 없어요. 최근 이러한 디지털 텍스트 읽기 방식 때문에 피상적인 읽기에 머무르고, 깊이 있는 읽기로 나아가지 못하는 현상이 많이 보입니다. 꼭 필요한 순간에, 분명한 목표 아래에서 행해야 의미 있는 방법이에요.

몇 가지 독서법을 살펴보았습니다. 상황과 목적에 맞게 적절히 활용해 보세요.

체계적인 읽기 5단계

글에 난도가 있는 것처럼 읽기 방식에도 단계가 있습니다. 아주 기본적인 사실 이해부터 추론하여 비판하고, 창의적인 제안까지 하는 단계! 획일적이진 않지만, 학문적으로 정리한 인지능력의 단계에 따라 분류할 수 있습니다.

1단계: 사실적 독해

사실을 있는 그대로 받아들이는 단계입니다. 가장 기초적인 과정이고, 쉬운 글은 이 단계만으로 충분합니다. 어려운 글이라도 심층적 의미를 추론하거나, 의도를 비판하기 전에 있는 그대로 분석하는 과정이 중요하지요. 오히려 과도한 개입이 의미를 왜곡시킬 수도 있으니 그 점을 주의해야 합니다. 개념에 대한 정의, 어휘에 대한 이해로 내용을 파악할 수 있습니다. 텍스트 인용 자체가 근거입니다.

사실적 독해 예시

침대는 가구가 아닙니다. 침대는 과학입니다. (에이스 침대)

▸침대를 가구가 아니라 과학이라고 말하는구나.

제대로 소리값을 듣기만 하면 됩니다. 여기서부터 시작이에요. 하지만 방심은 금물입니다. 숨은 의미가 있을 수도 있으니까요.

2단계: 추론적 독해

많은 말과 글은 숨겨진 의미를 담고 있습니다. 의도를 직접 전달하지 않고 간접적으로 우회하여 표현하지요. 일차원적으로 해석했는데, 의미가 맞지 않는다거나 조금 찝찝한 상황에서 우리는 의심할 수 있습니다. 그리고 질문할 수 있죠. "왜?" 그럴 때, 독자는 겉으로 드러나지 않았더라도, 상황과 맥락을 바탕으로 의미를 추론해야 합니다. 조금 더 고차원적인 능력이에요.

추론적 독해 예시

침대는 가구가 아닙니다. 침대는 과학입니다. (에이스 침대)

▸ 침대는 가구인데, 왜 이렇게 표현했지?

▸ 침대를 과학적으로 만들었다는 의미구나!

사실을 올바르게 이해하고, 상황과 맥락을 파악해야 적절한 추론이 이루어집니다. 속담을 있는 그대로 보면 뜬금없는 소리 같지만, 거기서 일반적인 의미를 추론할 수 있어요. 나아가서 다른 적절한 상황에 적용하면 더 좋습니다! 예를 들어 볼게요.

적절한 추론 예시

티끌 모아 태산: 티끌을 모아 태산을 만든다. (사실)

▸ 작은 것도 꾸준히 모으면 큰 것을 이룰 수 있구나. (추론)

발 없는 말이 천 리 간다: 말은 발이 없어도 천 리나 간다. (사실)

▸ 말은 진짜 쉽게, 멀리 퍼질 수 있으니 조심해야지. (추론)

낮말은 새가 듣고 밤말은 쥐가 듣는다: 낮에는 새가, 밤에는 쥐가 사람들 말을 듣는다. (사실)

▸ 누군가 내 말을 듣고 있을 수 있겠구나. 조심해야지! (추론)

바늘 도둑이 소도둑 된다: 작은 바늘을 훔친 도둑이, 시간이 지나 큰 소를 훔친다. (사실)

▸ 그냥 두면 욕심이 생겨 점점 더 큰 것을 탐할 수 있구나. (추론)

3단계: 비판적 독해

글의 내용을 이해하는 태도에서 나아가 평가하는 견해가 되는 것입니다. 내용이 적절한가? 근거가 타당한가? 아쉬운 점은 없는가? 의문을 품고 판단합니다. 정보가 정확한지 이해하기 위하여 배경 지식이, 주장과 근거의 관계나 타당성을 파악하기 위하여 논리적 사고력이 필요합니다. 요즘같이 가짜뉴스가 판치는 세상에서 더욱 강조되는 고차원적인 능력입니다. 하지만 판단 전에 내용 이해를 제대로 하지 못하면 비판도 헛다리를 짚는 경우가 많으니 주의해야 합니다.

비판적 독해 예시

침대는 가구가 아닙니다. 침대는 과학입니다. (에이스 침대)

▸ 그래… 말하고자 하는 것이 침대를 과학적으로 만들었다는 내용이구나. (이해)

▸ 근데, 이건 너무 단정적인 표현 같아. 그리고 과학적으로 만들었다는 근거도 충분하지 않은데? (비판)

4단계: 창의적 독해

앞에서 평가하고 부족한 점을 짚었다면, 거기서 그치지 않고 대안을 제시할 수 있는 능력이 필요합니다. 다르게 바라보고, 새로운 생각을 덧붙이고 확장하며, 이해에서 표현으로 발전할 수 있는 단계입니다. 직관적으로 떠오르는 아이디어를 내뱉는 것과 다르게, 기초부터 탄탄한 읽기 과정을 통해 합리적인 생각을 창출하는 것이지요. 천재적으로 영감이 딱, 떠올라서 좋은 글과 작품이 나올 수 있지만, 독해를 바탕으로 한 이 단계에서는 과정을 중요시합니다. 모든 것이 포화상태인 지금, 새로운 돌파구를 찾아낼 수 있는 창의적 능력을 요구하고 있습니다.

창의적 독해 예시

침대는 가구가 아닙니다. 침대는 과학입니다. (에이스 침대)

- ▶그래, 강조하는 점이 침대를 과학적으로 만들었다는 내용이구나. (이해)
- ▶하지만 좀 아쉬운데, 다르게 어떻게 표현하면 좋을까? 나라면 어떻게 표현할까?

5단계: 감상적 독해

단계로 표현하기에 감상은 애매한 부분입니다. 아는 만큼 보인다는 사람도 있고, 아는 것이 제약이고, 마음으로 느껴야 한다고 말하는 사람이 있습니다. 굳이 근거를 들이대지 않아도 되고, 본인의 느낌에 충실하면 됩니다. 자유로운 감상을 존중해요.

감상적 독해 예시

침대는 가구가 아닙니다. 침대는 과학입니다. (에이스 침대)

▸그래, 강조하는 점이 침대를 과학적으로 만들었다는 내용이구나. (이해)

▸과학이라고 하니까 뭔가 전문적인 느낌이라 좋은데! (감상)

▸포근한 침대가 아니라 딱딱한 느낌이 들어서 아쉽네. (감상)

▸요즘 자꾸 악몽 꾸는데, 침대 바꾸면 푹 잘 수 있을까? (감상)

▸푹신푹신한 침대에서 꿈을 꾸고 싶다. (감상)

문학적인 글에서는 이 감상 영역이 가장 매력적인 단계이지요. 그러나 문학에서도 적당한 선(최소한의 합리적 타당성)에서 감상을 존중합니다. 독서 토론을 하거나, 코칭할 때 가끔 "독서에 답이 있나요?"라고 말하는 분을 만나긴 합니다. 답까진 아니더라도 기본 합의점은 필요합니다. 그러니 기초 독해력은 무시하지 말고, 항상 챙깁시다.

[코칭 이야기 1]

집중력 / 이해력 영역

Q. 집중력이 부족할 때?

사람들과 대화할 때, 수업을 들을 때, '집중해!'라는 소리를 듣곤 합니다. 다른 곳을 보고 있거나, 멍한 표정을 짓고 있거나, 집중하지 않는 모습이 겉으로 티가 나기 때문이지요. 이런 상황에서는 아무리 좋은 말일지라도 귀에 들어오지 않습니다. 그러면 맥락을 놓치기 쉬워요.

저는 듣기 집중력 향상에 오디오북 추천을 많이 합니다. 들으면서 내용을 이해하려 노력하고, 놓친 부분은 책을 통해서 보완할 수도 있습니다. 글을 읽을 때도 집중력이 특히 약한 분들이 있습니다. 책을 읽다가 페이지가 넘어가지 않는다거나, 잠이 든다거나, 읽던 줄을 놓쳐서 계속 돌아가는 식이지요. 아니면 스크롤을 빠르게 내리면서 대충 읽는 것에 익숙해서 깊이 파고들지 못합니다.

그럴 때는 집중할 수 있는 환경을 만들어야 합니다. 나만의 공간을 확보하고, 타이머를 이용하세요. 실제로 북렌즈에서 진행하는 온라인 독해 모임은 시간을 정하고 집중 읽기 경험을 함께합니다. 그 시간 동안은 스마트폰 만지지도 말고, 온 신경을 읽고 쓰기에 몰두하는 겁니다. 각 잡고 읽는 연습을 꾸준히 하여야 집중력을 향상할 수 있어요.

Q. 대화가 전혀 통하지 않을 때?

많은 사람들이 인간 관계가 쉽지 않다고 합니다. 말이든 글이든 상호작용이 힘든 경우가 있습니다. 상대방은 이런 말을 하고 싶은데, 내가 관심 있는 것은 저런 말입니다. 계속 엇갈리는 겁니다. 이럴 때는 시야를 넓히고 상호작용에 대한 감을 익히는 것이 중요합니다.

인터뷰 영상이나 인터뷰 형식의 글을 읽으면 적절한 반응에 대하여 연습하기 좋습니다. 상대방의 질문에 알맞게 대답하는 법, 대답과 함께 화제를 확장하고 전환하는 법을 훈련해야 합니다. 대화의 중심이 '나'에서 머무르지 않고 '상대방'까지 확장하도록 안테나를 의식적으로 세우는 겁니다.

Q. 무슨 말인지 모르겠을 때?

본문에서 이해력에 관한 이야기를 많이 했습니다. 다양한 원인에 대한 진단이 우선 필요하고요. 이해하기 위한 노력을 해야 합니다. 객관적 진단을 위해서 녹음을 자주 해 보세요. 녹음한 내용을 다시 들으며 내가 이해한 내용을 계속 비교해 보세요. 놓치는 부분들에 대한 특정 패턴이 보일 겁니다. 그냥 넘어가지 않고 매듭짓는 습관이 중요합니다. 그 외의 부분은 2장 어휘력과 배경 지식, 3장 구조와 형식 등을 참고하길 권합니다.

01 주어와 서술어 찾기

기본 품사의 이해 | 단어, 어휘, 문장의 이해 | 문장 구조 분석하기

02 어휘력은 기본기다

맞춤형 어휘 공부 | 낯선 어휘 체크하고 중요도 판별하기 | 문맥에 맞게 추론하기 |
단어 검색하고 모으기

03 배경 지식은 차곡차곡 쌓인다

배경 지식 점검과 활성화 | 효율적으로 배경 지식 쌓기 | 배경 지식 다듬기
[코칭 이야기 2] 어휘력 / 배경 지식 영역

제2장

어휘력과 배경 지식 기르는 법

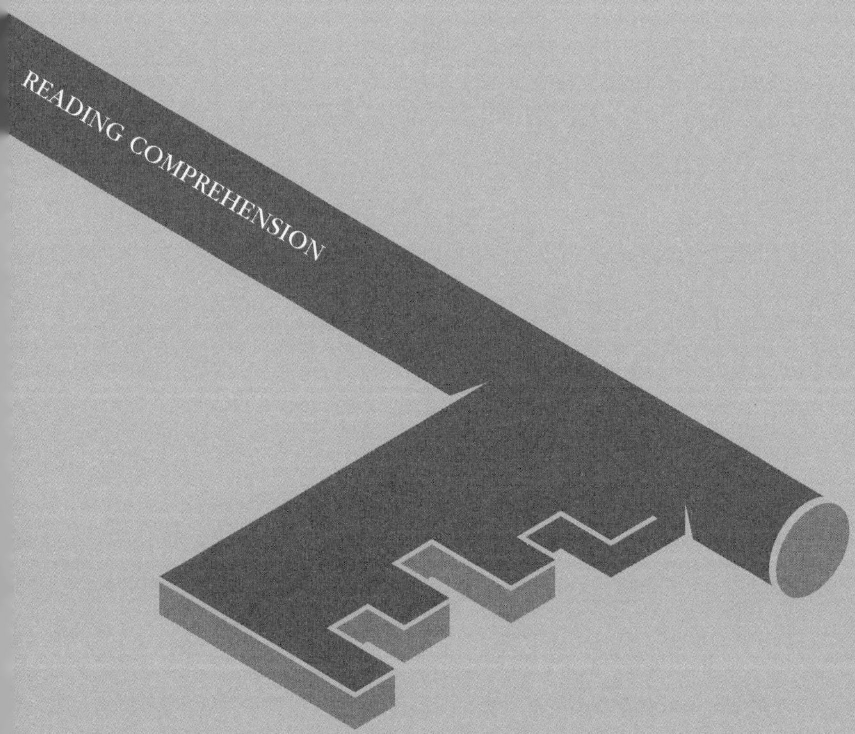

어휘력과 배경지식 기르는 법

READING COMPREHENSION

어휘 추론 능력을 키우기 위해서는 ‘언어적 감수성’과 ‘모국어 직관력’을 자극해 주어야 합니다. 어려서부터 하는 말놀이가 언어에 대한 감을 키우는데 굉장히 좋아요. 초성 게임, 끝말잇기, 삼행시 등이 다 유익한 놀이입니다.

01 READING COMPREHENSION

주어와 서술어 찾기

기본 품사의 이해

초등학교 때부터 우리는 체계적인 국어 문법을 배웁니다. 너무 자연스러워서 언제 배운 것인지 생각이 나지 않을 수 있지만, 교육과정에 있습니다. 특히, 초등 고학년 때 기본 품사에 대해서 배워요. 그때의 기억을 떠올려 보며 기초를 다지겠습니다. 문법이 딱딱해 보일 수 있지만, 명확하게 이해하는 데 큰 도움이 됩니다. 항상 의미가 중심이고 문법은 거들 뿐!

품사는 공통된 성질을 지닌 낱말끼리 모아 놓은 낱말의 갈래입니다. 보통 9품사라고 해서 명사, 대명사, 수사, 동사, 형용사, 관형사, 부사, 조사, 감탄사를 배웁니다. 이를 또 묶어서 체언 (명사, 대명사, 수사), 용언 (동사, 형용사), 수식언 (관형사, 부사), 관계언 (조사), 독립언 (감탄사)으로 나누기도 합니다. 하나씩 의미를 정리해 볼게요.

체언

- 명사: 대상의 이름을 나타내는 말 (하늘, 산, 학교 등)
- 대명사: 사람이나 사물, 장소의 이름인 명사를 대신하여 쓰는 말 (이것, 저것, 여기, 저기 등)
- 수사: 사물의 수량이나 순서를 나타낼 때 사용하는 말 (하나, 둘, 첫째, 둘째 등)

용언

- 동사: 사람이나 사물의 움직임을 나타내는 말 (보다, 먹다, 가다 등)
- 형용사: 사람이나 사물의 성질이나 상태를 나타내는 말 (크다, 예쁘다, 길다 등)

수식언

- 관형사: 문장 안에서 주로 명사, 대명사, 수사를 꾸며 주는 역할을 하는 낱말 (헌 신발, 새 집, 맨 꼭대기)
- 부사: 문장 안에서 주로 동사, 형용사를 꾸며 주는 역할을 하는 낱말 (빨리 먹는다, 매우 빠르다, 정말 아프다)

관계언

- 조사: 앞말에 붙어 문장 안에서 어떤 자격을 갖게 하는 말 (승화가, 곰은, 밥을 등)

독립언

- 감탄사: 감정을 넣어 말하는 사람의 놀람, 느낌, 부름이나 대답을 나타내는 낱말 (야!, 앗!, 우아!)

문법 공부는 딱딱해 보이기 때문에, 우선 간단히만 정리했습니다. 중요한 것은 지금부터입니다. 바로 문장을 구성하는 주어, 목적어, 서술어의 개념이에요. 이 개념을 이해하기 위해 품사를 간단히 다룬 것입니다. 여기서부터는 문장의 의미를 중심으로, 문장 성분들이 어떤 역할을 하는지 생각해야 합니다.

①주어: 문장에서 동작이나 상태, 성질의 주체가 됩니다.

실질적인 행위의 주체를 주어라고 해요. '○○가 어떠하다, ○○이 어찌하다, ○○는 무엇이다'에서 '○○'에 해당하는 부분입니다. 주로 명사, 대명사, 수사가 주어의 역할을 해요. 복잡한 문장에서 이 주어를 찾는 것이 정말 중요합니다. '누가 밥 먹는 거야?', '뭐가 예쁘다는 거야?', '친구가 무엇이라는 거야?'라는 질문에 명확하게 대답해줄 수 있는 부분입니다. 이야기의 주인공이 있는 것처럼, 문

장의 주인이라고 생각해 주세요. (조사 -은/는/이/가와 주로 결합)

주어 예시

- 승화가 밥을 먹는다. (동작의 주체)
- 책상이 참 예쁘다. (상태의 주체)
- 친구는 선생님이다. (성질의 주체)

②서술어: 문장에서 주어의 동작이나 상태, 성질을 설명합니다.

앞에서 배운 주어의 동작이나 상태를 서술해서 서술어라고 합니다. '○○가 어찌하다, ○○이 어떠하다, ○○는 무엇이다'에서 '어떠하다', '어찌하다', '무엇이다'에 해당하는 부분입니다. 주로 동사, 형용사가 서술어의 역할을 해요. '승화가 어쩐다는 거야?', '책상이 어떻다는 거야?', '친구가 무엇이라는 거야?'라는 질문에 명확하게 대답해줄 수 있는 부분입니다. 문장의 의미적인 매듭을 짓는 데 중요한 역할을 해요. 그래서 주어와 서술어의 호응이 굉장히 중요합니다.(조사 -이다와 주로 결합)

서술어 예시

- 승화가 밥을 먹는다. (동작의 설명)
- 책상이 참 예쁘다. (상태의 설명)
- 친구는 선생님이다. (성질의 설명)

③목적어: 문장에서 동작의 대상이 됩니다. (타동사가 쓰인 문장)

주어, 서술어와 함께 필수 성분이며 생략 가능합니다. 동작을 나타내는 서술어가 있을 때는 알맹이 역할을 하지만, 그렇지 않을 때는 쓰이지 않아요. '승화가 먹는다'라고 했을 때, '무엇을 먹는데?'라는 질문에 명확하게 대답해줄 수 있는 부분입니다.(조사 -을/를과 주로 결합)

목적어 예시

- ▸승화가 밥을 먹는다.
- ▸축구 선수가 공을 찬다.
- ▸엄마는 승화를 사랑한다.

④수식어: 체언이나 용언의 의미를 꾸며 줍니다.

체언(명사, 대명사, 수사)을 수식해주는 것을 관형어라 하고, 용언(동사, 형용사)을 수식해주는 것을 부사어라 합니다. 주로 해당 품사 앞에서 그 의미를 제한하거나 보완해 줍니다. 핵심 주어와 서술어, 목적어를 제외하면 대부분 꾸며 주는 말일 경우가 많습니다. 어떤 대상을 꾸며 주는지 정확하게 연결하는 것이 중요합니다.

관형어 예시

- ▸승화가 맛있는 밥을 먹는다.
- ▸멋있는 아빠는 승화를 사랑한다.
- ▸오래된 책상이 참 예쁘다.

부사어 예시

- ▸ 승화가 밥을 빠르게 먹는다.
- ▸ 축구 선수가 공을 강하게 찬다.
- ▸ 엄마는 승화를 매우 사랑한다.

⑤보어: 주어와 서술어만으로 문장의 뜻이 완전하지 못할 때, 그 뜻을 보충하여 줍니다.

'되다/아니다'와 같은 불완전 서술어에서 주로 필요로 합니다. 조사 '이/가'와 함께 쓰이기 때문에 주어가 2개인 것처럼 보이기도 합니다. 복잡한 문장에서 주어를 찾을 때 헷갈리지 않도록 주의해야 합니다.

보어 예시

- ▸ 승화가 선생님이 되다.
- ▸ 승화는 배우가 아니다.

길고 복잡한 문장을 읽을 때, 주어와 서술어만 잘 찾아도 이해하기 훨씬 좋습니다. 글을 쓸 때도 주어와 서술어의 호응 관계만 잘 맞으면 깔끔한 글이 돼요. 대화에서는 이 주어와 서술어가 생략되곤 하는데, 그럴 때는 문맥을 중심으로 추론해서 파악해야 합니다. 이후 문장 분석 때 함께 해보겠습니다.

단어, 어휘, 문장의 이해

우리가 글을 이해하는 과정에는 수많은 단계가 있습니다. 하나하나의 글자, 이 글자가 모여 뜻이 있는 단어를 만들고, 이 단어가 모여서 어휘와 문장을 이룹니다. 이 문장이 모여서 문단을 형성하고, 문단이 모여 글이 됩니다. 그래서 글이 이해가 되지 않으면 하나씩 쪼개보는 것도 방법입니다. 분류 체계가 다르지만 작은 것부터 차례대로 개념 정리를 해보겠습니다.

단어는 하나의 말, 낱말은 낱개의 말, 같은 뜻입니다. 뜻이 있는 하나의 덩어리를 이야기합니다. '하늘'은 '하'라는 글자와 '늘'이라는 글자가 합쳐지면서 의미가 있는 단어가 됩니다. '김'과 '밥' 같은 단어가 합쳐져 '김밥'과 같은 새로운 단어를 만들기도 해요.

그럼 어휘는 무엇일까요? 한자로 하면 단어(單語)는 하나의 말, 어휘(語彙)는 말의 무리입니다. 영어로 살펴보면 단어는 word, 어휘는 vocabulary로 구분하기도 해요. 개념적으로는 '일정한 범위 안에서 쓰이고 있는 단어의 총체'라고 정의합니다. 이런 의미에서 낱말력, 단어력이 아니라 어휘력이라는 말을 많이 사용합니다.

어절(語節)은 말의 마디라는 의미로, 단어가 모여서 만들어집니다. 문장을 구성하는 기본 문법 단위라고 할 수 있습니다. 문장에 띄어쓰기가 있죠? 이 띄어쓰기를 기준으로 어절을 구성합니다. 주로 체언과 조사가 한 덩어리를 이루고, 수식어와 서술어는 분리되곤 합니다.

어절 예시

- 승화는 밥을 먹는다.
- 친구는 선생님이다.

구는 두 개 이상의 어절이 모여서 하나의 단어처럼 쓰인 것을 뜻합니다. 주로 수식하는 말이 더해져 하나의 큰 의미를 이룹니다. '멋있는 승화가 밥을 맛있게 먹는다.'라는 문장에서 '멋있는 승화'는 명사구가 주어 역할을, '맛있게 먹는다'는 동사구가 서술어 역할을 합니다.

구 예시

- 멋있는 승화가 밥을 맛있게 먹는다.
- 하얀색 책상이 정말로 예쁘다.

절도 두 개 이상의 어절이 모여 구성되지만, 구보다 큰 개념이에요. 주어와 서술어를 모두 갖추고 있습니다. 그래서 문장이랑 비슷해 보이는데, 홀로 쓰이지 못한다는 것이 특징입니다. 다른 큰 문장(안은 문장)의 성분(안긴 문장)으로 활용됩니다. 명사처럼 쓰이는 명사절, 서술어처럼 쓰이는 서술절, 관형어처럼 쓰이는 관형절, 부사어처럼 쓰이는 부사절 등이 있습니다. 특히 명사절은 주어, 목적어, 보어의 기능을 할 수 있어요.

절 예시

▸승화는 (식사 시간이 다가왔음)을 깨달았다. - 명사절

▸승화가 (엄마가 지어준) 밥을 먹는다. - 관형절

▸승화는 밥을 (굼벵이가 기어가듯이) 먹는다. - 부사절

▸승화가 (선생님이 되다). - 서술절

문장은 구나 절보다 더 큰 구성단위입니다. 생각이나 느낌을 완결한 내용으로 표현하기 위해 주어와 서술어를 반드시 포함하고 있어요. 구나 절과 다르게 독립적으로 쓰일 수 있다는 것이 특징입니다. 목적어와 보어, 관형어와 부사어는 있을 수도 있고, 없을 수도 있습니다.

문장 예시

▸승화가 잔다. – 목적어×, 보어×

▸승화가 밥을 먹는다. - 목적어 O

▸승화가 선생님이 되다. – 보어O

문법이 굉장히 낯설고 어렵게 느껴질 수 있습니다. 일상생활에서는 잘 몰라도 큰 불편이 없으니까요. 하지만 복잡한 문장을 분석할 때는 굉장히 큰 도움이 됩니다. 문장을 마주쳤을 때, 절 | 구 | 어절 | 단어(낱말) 순서로 쪼개면 무서울 것이 없어요.

문장 구조 분석하기

앞에서 단어부터 문장까지 단계적으로 개념을 살펴보았습니다. 결국, 글을 읽을 때 마주하는 것은 문장이라는 단위입니다. 이 문장이 단순한 구조로 이루어져 있으면 쉽게 이해할 수 있으나, 복잡하면 읽어도 무슨 말인지 모릅니다. 어떤 상황에서나 가장 중요한 것은 주어와 서술어입니다.

주어와 서술어가 각각 하나씩 구성된 문장을 홑문장이라고 해요. 이런 문장은 이해하기 쉽습니다. 행동이나 상태와 그 주체, 대상을 찾아서 연결하면 됩니다.

홑문장 예시

- 승화가 자다. (주어: 승화, 서술어: 자다)
- 승화가 밥을 먹는다. (주어: 승화, 서술어: 먹는다)
- 승화가 학교에 간다. (주어: 승화, 서술어: 간다)

주어와 서술어가 두 번 이상 나타나면 겹문장이라고 합니다. 문장 여러 개가 겹겹이 쌓인 이미지가 떠오르죠. 쌓인 모양은 조금씩 다릅니다. 서로 안고 있는 모양, 이어져 있는 모양 등 차이가 있어요.

겹문장 예시

주어1 / 주어2 / 서술어2 / 서술어1

승화는 원고 마감이 얼마 남지 않았음을 깨달았다.

안고 있는 모양일 때 주의할 것은, 안은문장(포함하는 개념)과 안긴문장(포함되는 개념)을 구분하는 것이에요.

1. 승화는 깨달았다.
2. 원고 마감이 얼마 남지 않았다.
3. 승화는 (원고 마감이 얼마 남지 않았음)을 깨달았다.

1번과 2번을 겹겹이 쌓아서 3번을 만들 때, 1번 문장을 안은문장, 2번 문장을 안긴문장이라고 해요. 1번 문장의 주어+서술어와 2번 문장의 주어+서술어가 섞이지 않도록 조심해야 합니다. 1번 안은문장을 저는 메인 문장, 메인 주어+서술어라고 말하곤 합니다. 그만큼 중요하다는 거죠.

주어1 서술어1 주어2 서술어2
1. 승화는 직장인이고, 이승기는 연예인이다.

주어1 서술어1 주어2 서술어2
2. 비가 많이 오면, 나는 스터디 카페에 가지 않는다.

이어진 문장 안에서도 관계가 묘하게 다릅니다. 1번 문장이 대등하게 이어진 문장이라면, 2번 문장은 종속적으로 이어진 문장입니다. '비가 많이 오면'이 뒷 문장의 가정, 조건이기 때문이에요.

이렇게 주어와 서술어가 여러 개일 때 호응 관계를 주의해야 합니다. 특히, 주어는 생략하는 예가 있어서 헷갈릴 때가 많아요. 그래서 의미를 잘 생각해서 어울리는 짝을 찾아야 합니다. 글을 쓸 때도 많은 사람이 실수하는 부분이에요.

나는 동생보다 키가(주어1) 크고(서술어1) 몸무게가(주어2) 더 무겁다(서술어2).

숲 속에는 다람쥐가(주어1) 뛰놀고(서술어1) 새가(주어1) 지저귀고 있다(서술어2).

기본기를 다졌으니, 본격적으로 복잡한 문장 구조를 메인 주어+서술어 중심으로 분석해 보겠습니다. 문법은 거들 뿐, 중요한 것은 의미입니다. 의미를 중심으로 질의응답 하며 더해나가는 방식이에요. 의문사(왜? 어디서? 무엇을? 어떻게? 언제? 누가?)를 잘 활용하면 됩니다. 실제로 기사나 책에서 나온 부분을 일부 발췌 편집하여 구성했습니다. 억지로 만든 문장이 아니라, 여러분이 생활 속에서 만나는 문장입니다.

- 기상청에서는 오늘 하루 비가 많이 올 것이라고 예보했다.
  ① 기상청에서는 예보했다. (뭐라고?)
  ② 기상청에서는 비가 많이 올 것이라고 예보했다. (언제?)
  ③ 기상청에서는 오늘 하루 비가 많이 올 것이라고 예보했다.

㉠기상청에서는 예보했다, ㉡오늘 하루 비가 많이 올 것이다. 두 문장이 겹겹이 쌓인 것이라고 할 수 있죠. 여기서 ㉠ 문장이 ㉡ 문장을 안은 모양입니다. 안은문장 ㉠과 안긴문장 ㉡, 둘이 함께 있을 때는 안은문장을 기본 틀로 잡는 것이 분석하기 좋아요. 저는 메인 문장, 메인 주어 + 서술어를 찾으라고 표현하기도 합니다.

- 민호가 사는 도시에는 밤에 화려한 조명들이 빛나다.
  ① 조명들이 빛나다. (어떤 조명이?)
  ② 화려한 조명들이 빛나다. (언제?)
  ③ 밤에 화려한 조명들이 빛나다. (어디에서?)
  ④ 도시에는 밤에 화려한 조명들이 빛나다. (어느 도시?)
  ⑤ 민호가 사는 도시에는 밤에 화려한 조명들이 빛나다.

'민호가' 너무 익숙한 나머지 메인 주어로 생각하고 '빛나다'와 연결 짓는 분들도 있어요. 하지만 '민호가 사는' 관형절과 '조명들이 빛나다'는 서로 다른 문장입니다. 여러 수식어를 덜어내고 메인 주어+서술어를 찾는 것이 중요해요. 그리고 의미상으로 하나씩 더해가다 보면 문장 구조가 보입니다.

- 교육부 장관이 초등학교 입학 연령을 만 6세에서 만 5세로 낮추는 학제 개편 방안을 추진하겠다는 업무계획을 대통령에게 보고

했다.

① 교육부 장관이 보고했다. (누구에게?)

② 교육부 장관이 대통령에게 보고했다. (무엇을?)

③ 교육부 장관이 업무계획을 대통령에게 보고했다. (어떤 업무계획을?)

④ 교육부 장관이 학제 개편 방안을 추진하겠다는 업무계획을 대통령에게 보고했다. (어떤 학제 개편 방안을?)

⑤ 교육부 장관이 초등학교 입학 연령을 만 6세에서 만 5세로 낮추는 학제 개편 방안을 추진하겠다는 업무계획을 대통령에게 보고했다.

수식하는 부분이 길어서 복잡해 보이지만, 의미를 쪼개서 생각하여 보면 어렵지 않습니다. 대화하는 느낌으로 의미를 보충하는 방식이에요. 누가, 누구에게, 무엇을. 이라는 문장의 기본 요소로 생각하면 의미가 명확해집니다.

- 미국에서는 돌봄이 로봇들이 기본적인 문제들을 해결해주는 수만 명의 노인이 집에 남는 방을 빌려주고 생활을 꾸려나간다.

① 노인이 꾸려나간다. (무엇을?)

② 노인이 생활을 꾸려나간다. (어떻게?)

③ 노인이 빌려주고 생활을 꾸려나간다. (무엇을?)

④ 노인이 방을 빌려주고 생활을 꾸려나간다. (어떤 방을?)

⑤ 노인이 집에 남는 방을 빌려주고 생활을 꾸려나간다. (몇 명이나?)

⑥ 수만 명의 노인이 집에 남는 방을 빌려주고 생활을 꾸려나간다. (어디에서?)

⑦ 미국에서는 수만 명의 노인이 집에 남는 방을 빌려주고 생활을 꾸려나간다.

이렇게 절반을 분석했습니다. 이제 나머지는 노인을 수식하는 성분들이에요.

⑧ 수만 명의 노인이 (어떤 노인?)

⑨ 해결해주는 수만 명의 노인이 (무엇을?)

⑩ 기본적인 문제들을 해결해주는 수만 명의 노인이 (누가?)

⑪ 로봇들이 기본적인 문제들을 해결해주는 수만 명의 노인이 (어떤 로봇이?)

⑫ 돌봄이 로봇들이 기본적인 문제들을 해결해주는 수만 명의 노인이

여기서 메인 주어를 '로봇들이', 서술어를 '꾸려나간다'라고 하는 분들이 꽤 있습니다. 수식해주는 말이 많다 보니까 '노인'을 찾기

가 쉽지 않죠. 그래서 문법적 규칙보다 의미를 생각해야 합니다. 메인 주어와 서술어를 먼저 찾으면 나머지는 시원하게 풀립니다.

① (미국에서는) 돌봄이 로봇들이 노인의 기본적인 문제들을 해결한다.

② (미국에서는) 수만 명의 노인이 집에 남는 방을 빌려주고 생활을 꾸려나간다.

예시 문장은《2030 축의 전환》(마우로 기옌)이란 책에 담긴 문장을 살짝 수정했어요. 크게 두 가지 문장을 합친 것이라고 할 수 있습니다. ①디지털 전환, ②고령화 사회 키워드를 담고 있는 문장들입니다. 이 둘을 합치다 보니 조금 복잡해졌지만, 분석하고 보니 의미 전달이 쉽게 이루어집니다.

문법은 딱딱하고 어려워 보이지만, 알아두면 도움이 많이 됩니다. 읽을 때도, 쓸 때도, 말할 때도, 기준으로 삼아두면 좋아요. 의미 해석을 중심으로 하고, 보완하는 도구로 문법 요소를 활용하면 조금 더 명확하게 읽을 수 있습니다.

02 READING COMPREHENSION

어휘력은 기본기다

맞춤형 어휘 공부

학창 시절 영어 단어장을 들고 다니며 외웠던 기억이 있습니다. 어휘력이 독해력과 직결된다는 말을 수도 없이 들었어요. 어휘만 많이 알아도, 글을 읽는 데 큰 도움이 됩니다. 대부분 인정하는 사실입니다. 학생 맞춤 도서의 난이도를 선정할 때, 한 페이지에 모르는 단어가 몇 개 있는지 확인하기도 합니다. 모르는 단어가 많으면 읽기 힘들기 때문이지요.

하지만 모국어는 초등학교 이후 어휘 공부를 많이 하지 않습니다. 일상생활에 큰 문제가 없으니, 그냥저냥 넘기기 쉽습니다. 그나마 학생 때는 공부하고 개념 어휘, 학습 용어라도 습득하며 확장해 나가지만, 성인이 되면 더욱 관심을 두지 않지요. 나이와 어휘력은 비례하지 않는데 말입니다.

독서능력과 목적에 따라 다른 어휘 공부 방법을 알아보겠습니다. 학생부터 성인까지 모두 필요한 부분입니다. 성인들은 특히 낯선 영역, 새로운 분야에 관한 공부에 큰 도움이 됩니다. 경제 용어, 트렌드 용어만 따로 모아둔 사전이 있을 정도니까요.

초급

해당 글에 자주 나오는 어휘를 따로 정리하여 미리 공부합니다.

모르는 어휘가 많으면 글을 읽을 때 막막하고 스트레스를 받지요. 독서 자체에 대한 흥미를 잃을 수 있어요. 어휘가 독서에 장벽이 되지 않도록 각 잡고 미리 공부한 후에 읽기를 했으면 합니다. 정리한 내용을 옆에 두고 참고하며 읽어도 좋아요.

중급

글을 읽으면서 모르는 어휘를 체크합니다.

처음 본 어휘, 본 적 있는데 뜻을 모르는 어휘, 알 것 같은데 애매한 어휘를 나누어 표시하며 읽습니다. 알 것 같은데 애매한 어휘는 최대한 의미를 추론하고, 나머지는 중요도에 따라 중간중간 검색하며 읽습니다. 모든 것을 검색하면 흐름이 끊길 수 있으니,

선택과 집중을 합니다.

고급

추론 능력을 최대한 활용하며 읽습니다.

중간 검색은 가급적 피하고, 앞뒤 문맥을 바탕으로 내용을 짐작하며 읽습니다. 처음에는 짐작한 내용이 모호하고 자신이 없을 수 있지만, 글을 읽어가며 추론이 완성되는 경우도 많아요. 읽은 후에 추론한 의미와 사전 검색한 의미를 비교해 봅니다.

> 언어는 언제나 삶과 맞물려 돌아간다. 언어의 비늘은 우리가 살아가면서 경험한 슬픔이나 아픔의 얼룩으로, 즐거움과 기쁨의 무늬로 직조된다. _《언어를 디자인하라》, (유영만, 박용후)

다음 글을 보면 '직조'라는 낯선 어휘가 등장합니다.

초급은, 사전에서 뜻을 검색합니다. '옷감을 만들기 위해 직각으로 실(날실과 씨실)을 교차하여 짜는 것'이란 뜻을 알 수 있습니다. 새로운 단어를 익히며 언어의 비늘이라는 말과 연결 지어 작가의 의도를 이해합니다.

중급과 고급은, 직조라는 말에 대한 배경 지식을 활성화합니다. 그리고 문장에서 추론할 수 있는 단서를 찾습니다. '맞물려 돌아간다', '무늬'가 좋은 단서입니다. 이를 활용해서 의미를 추론하고 적용합니다. 이후에 사전 검색으로 추론한 뜻을 확인해 봅니다.

어휘는 굉장히 중요하지만, 그렇다고 절대적이지는 않습니다. 어휘를 알수록 효율적인 독서를 할 수 있지만, 어휘를 모른다고 읽기가 불가능하진 않으니까요. 우리에게 '추론'이란 보물 같은 전략이 있어요. 하지만 고급 기술이기 때문에 꾸준한 훈련이 필요합니다. 그래서 나의 상태에 따라 초급·중급·고급으로 나누어 적용하는 것이 좋습니다.

우리가 외국에 여행 갈 때, 활용하는 회화도서를 보면 100개 정도의 필수 어휘와 문장만 익히면 여행에 지장 없다고 합니다. 자주 사용하는 언어 패턴만 익히는 것이지요. 이 방법은 굉장히 효율적이지만 독해하는데 적용하기 힘듭니다. 말과 다르게 글에서는 훨씬 복합적인 언어를 구사하지요. 이런 문제 때문에 평소 의사소통은 잘 되는데, 읽기가 안 된다고 말씀하시는 분이 있어요. 결국 어휘 난이도 문제이기에, 고급 어휘를 활용한 지적인 의사소통은 잘 안 될 겁니다.

독해를 위한 어휘력 향상에서는 평소에 쓰지 않는 고급 어휘 자극이 필요해요. 그런 어휘는 꼭 예문과 함께 사용 맥락을 알아야 하고, 직접 활용해 봐야 합니다. 그럴수록 사용하는 어휘가 풍성해집니다. 그런 의미에서 속담과 사자성어 같은 관용어 공부를 추천합니다. 자연스럽게 한자어와 친해질 수도 있습니다.

어휘 추론 능력을 키우기 위해서는 '언어적 감수성'과 '모국어 직관력'을 자극해 주어야 합니다. 어려서부터 하는 말놀이가 언어에 대한 감을 키우는데 굉장히 좋아요. 초성 게임, 끝말잇기, 삼행시 등이 다 유익한 놀이입니다. 그리고 언어유희를 섞은 농담, 적재적소에 활용하는 속담 등도 상황과 문맥을 파악하는 힘과 연결되어 있습니다.

사례와 함께, 어휘력 기르는 과정을 자세히 알아보겠습니다.

낯선 어휘 체크하고 중요도 판별하기

실생활에서 자주 쓰는 어휘와 다르게, 글에 포함된 어휘는 낯선 것이 많습니다. 모르는 어휘를 외면할 때도 있지만, 아는지 모르는지 정확히 구분하기 어려운 경우가 많습니다. 독해력을 키우는 과정에서, 그때그때 외면하지 않고 낯선 어휘들을 체크하면 큰 도움이 됩니다.

완전히 낯선 단어도 있을 것이고, 알듯 말듯한 애매한 단어도 있을 것입니다. 그런 어휘를 마주할 때마다 간단히 표시합니다. 표시가 힘들면 눈도장이라도 찍고, 소리 내어 읽어보세요. 아는 것인지 모르는 것인지, 분명하게 생각하고 인지하는 것이 시작입니다.

체크한 어휘가 많다면, 중요도를 기준으로 선택과 집중을 해야 합니다. 모든 어휘에 신경을 쓰다 보면 읽기 진도가 나가지 않는 경우가 많아요. 읽다 지치고 흥미를 잃기도 합니다. 그래서 외면하지 않고 간단히 체크한 낯선 어휘가 중요한지 확인해야 합니다. 모든 어휘를 다 물고 늘어질 순 없다는 전제하에 선택과 집중을 하는 과정입니다. 물론 독자의 판단이 100% 정확한 것은 아닙니다. 중요하게 생각하지 않았는데, 나중에 중요한 것으로 밝혀지기도 하지요. 하지만 판별하려는 노력은 소중합니다.

어휘를 잘 모르는 상태에서, 이 어휘가 중요할까? 중요하지 않을까? 눈도장만 찍을까? 밑줄을 칠까? 동그라미를 그릴까? 바로 검색할까? 판단하며 읽어야 합니다. 판단에 도움이 되는 몇 가지 꿀팁을 알려 드릴게요. 첫째, 제목이나 소주제에 나오는 말인가? 둘째, 반복해서 나오는가? 셋째, 글쓴이가 강조하는가?

박주영이 쓴 책《어떤 양형 이유》가 있습니다. 그런데 제목에 나오는 '양형'이라는 어휘가 낯설어요. 이 어휘는 고민할 가치가 있는 중요한 어휘일까요? 중요합니다.

중앙일보 칼럼 중, 정재승의 〈워라밸에서 바브밸 시대로〉가 있습니다. 텍스트에 '아날로그'라는 말이 반복하여 나옵니다. 알듯 모를듯 애매합니다. 아날로그 시대, 아날로그 반격, 아날로그 결핍…. 이 어휘는 중요한 어휘일까요? 중요합니다. 제목에 나오는 '바브밸'도 낯설죠? 중요한 어휘니 집중해야 합니다.

경향신문 칼럼 중에 김영민의 〈"추석이란 무엇인가" 되물어라〉가 있습니다. 글에는 '정체성의 질문, 정체성의 대화'라는 표현이 자주 나옵니다. 그리고 마지막에 '정체성에 관련된 대화들이 당신에게 자유를 선사할 것'이라고 합니다. '정체성'은 중요한 어휘입니다.

읽기 코칭 시간에 메타버스 관련 칼럼을 함께 읽고 분석한 적이 있습니다. 칼럼에는 메타버스, NFT, P2E, 로블록스, 제페토 등 낯선 디지털 용어들이 가득했지요. 거기다 주식 용어도 혼재되어 있어 많은 분이 막막해했습니다.

칼럼에 짧게 나온 설명이 부족해서 이것저것 더 검색하다가 포기하고, 좌절하는 분이 많았지요. 개념 자체가 쉽지 않으니 그럴 수 있습니다. 그럼 이 글은 디지털 전문가만 이해할 수 있을까요? 그렇지 않습니다. 물론 그 분야 전문가는 훨씬 더 쉽게 이해하겠지만, 그렇지 않은 분도 읽고 이해할 수 있어요.

여기서 요령이 필요합니다. 중요한 것과 중요하지 않은 것을 구별해야 해요. '메타버스'는 글의 핵심 키워드이기 때문에 중요합니다. 더 알아볼 가치가 있는 개념어지요. 그에 비해 NFT, P2E는 디지털 트렌드를 설명하는 가벼운 예시 정도입니다. '요즘 별것들이 다 있어, 신기하네.' 정도로 흐름을 이해하고 넘어가도 돼요. 로블록스나 제페토도 메타버스 플랫폼의 종류구나, 가볍게 이해하면 됩니다. 주식 용어가 나올 때도 '나 주식 잘 모르는데….' 걱정하실 필요 없습니다. 메타버스의 인기가 떨어졌다는 근거로 사용하는 정도이니, '인기가 많이 떨어졌나 보다' 이 정도만 짐작하면 됩니다.

문맥에 맞게 추론하기

세상에 많은 어휘를 모두 알 수는 없습니다. 지금도 수많은 단어가 새로 생기고, 사라지고 있어요. 옛 소설들은 한자어가 많아서 읽기 힘들고, 최신 소설은 신조어가 많아서 읽기 힘듭니다. 모두 외워버리겠다는 마음은 버리세요.

이때 중요한 것이 바로, 어휘 추론 능력입니다. 낯선 단어를 만났을 때, 앞뒤 문맥을 통해서 의미를 짐작해 봅니다. 능숙한 독자는 독서의 흐름이 끊어지지 않도록 적절한 추론과 자체 검증을 통하여 어휘력을 보완합니다. 처음에는 '대충 이런 의미인가?' 30% 정도 짐작하며 읽다가, 뒤로 갈수록 정보가 많아지고, 의미를 연결하면 '이런 의미겠구나' 70%까지 확신을 키워나갑니다. 중간중간 수정 보완하며 의미를 완성하지요.

문맥을 파악하는 능력, 추론 능력도 키워줄 수 있어서 훈련하기 좋은 과정입니다. 하지만 잘못된 개념을 습득할 수 있으니, 훈련 과정에서는 짐작한 뜻과 사전의 뜻이 맞는지 확인해 보는 것이 좋아요.

최진석의 칼럼 〈지적 호전성〉에는 이런 문장이 나옵니다.

> 거침없는 호기심은 대상을 파고드는 일이므로 속성상 공격적이거나 호전적인 특성을 띤다.

'호전적'이라는 단어의 뜻을 정확히 모릅니다. 그때 앞에 있는 '거침없는', '공격적'과 같은 어휘가 추론 단서가 됩니다. 이 정도로 추론하며 읽어 나갑니다.

> 세상을 자기 뜻대로 디자인해서 사는 전략적 높이의 사람들은 공격적이거나 호전적이다. 좀 공손하게 표현하면 적극적이다. 호전적이지 않은 점잖은 사람은 그냥 바라만 보다가 빌려 쓴다.

글을 추가로 읽으면서 정보가 쌓입니다. '적극적'이라는 의미와 비슷하고, '점잖은' 의미와 반대되어 '점잖지 않은' 의미와 이어집니다. 앞에 단서들과 함께 추론한 의미를 정리하고 사전과 비교해 보겠습니다.

추론

호전적: 거침없고, 공격적이고, 적극적이고, 점잖지 않은 태도

사전

호전적(好戰的): 좋아할 호, 싸울 전. 싸우기를 좋아하는 것

의미가 크게 다르지 않습니다. 성공적인 추론입니다. 한자어를 알면 분명 많은 도움이 됩니다. 하지만 한자어를 모른다고 겁먹을 필요가 없어요. 그 어휘가 사용하는 문장 안에서 최대한의 단서를

끌어모읍니다. 비슷한 의미, 반대되는 의미, 포함되는 의미 등 내가 알고 있는 것을 바탕으로 모르는 것도 파악할 수 있어요.

최태우의 〈경제시장을 견인하는 '플랫폼 비즈니스'의 양면성〉이라는 칼럼에는 이런 문장이 나옵니다.

> 플랫폼 비즈니스가 활발하게 이뤄질수록 플랫폼 사용자들의 이익은 높아지지만, 플랫폼 노동자들의 처우는 나아지지 않거나 퇴보하는 것이다.

'처우'라는 단어가 낯설어요. 문장의 맥락상 플랫폼 사용자와 노동자의 구도가 나누어져 있습니다. 사용자의 이익은 좋아지는데, 노동자의 이익은 좋아지지 않는다는 맥락이지요. '이익이 높아지지 않는다'를 '처우가 나아지지 않거나 퇴보하는 것이다'라고 표현했습니다. 그럼 '처우'는 '이익'과 비슷한 말인가? 추론할 수 있어요.

앞뒤로 다른 문장을 좀 더 살펴볼게요.

> 기존의 많은 비정규직 직종이 빠르게 플랫폼 노동으로 옮겨가고 있지만, 그 과정에서 이들을 보호할 법적 제도적 책임은 점점 희미해졌다. 사용자의 만족이 없는 플랫폼이 기능할 수 없는 것처럼, 구성원의 만족이 없는 사회는 존재할 수 없다.

플랫폼 노동자들을 '보호할 법적 제도적 책임이 희미해지는 것', 구성원의 '만족이 없는' 사회, '처우가 나아지지 않거나 퇴보하는 것'은 같은 맥락이라고 할 수 있습니다. 보호와 만족이란 키워드를 또 뽑아낼 수 있어요. 추론한 의미를 정리하고 사전적 의미와 비교하여 보겠습니다.

추론

처우: 구성원의 이익, 생활 보장, 정서적 만족

사전

처우(處遇): 곳 처(處), 만날 우(遇)

형편과 처지에 맞게 대우, 대접함

사전

대우(待遇): 기다릴 대(待), 만날 우(遇)

어떤 사회적 관계나 태도로 대하는 일

직장에서의 지위나 급료 따위의 근로 조건

예의를 갖추어 대하는 일

글을 이해하는데 충분할 정도로, 추론한 단어의 의미가 원래 의미와 일치합니다. 한 문장 안에 단서가 부족할 때는, 앞뒤 문장과 전체 글의 논조를 통해 방향을 잡을 수 있습니다. 또 다른 단어를 그 문장 속에 넣어보며 어울리는지 파악합니다. '처우' 대신 '이익'

을 넣었을 때 어색한가? 흐름으로는 어느 정도 맞는가? 레고를 조립하듯이 이것저것 구성해볼 수 있습니다.

단어 검색하고 모으기

상황에 따라 검색 기능을 활용합니다. 그리고 검색한 어휘를 문장에 대입해 보고 적절한지 검토합니다. 특히, 동음이의어와 다의어를 조심할 필요가 있어요. 동음이의어는 의미를 확인해서 분별하고, 다의어는 1번, 2번, 3번으로 나누어 예문을 통해서 그 차이를 명확히 합니다. 대략 비슷한 일도 있지만, 미묘한 차이로 해석이 갈리기도 하니 적절한 어휘를 문맥에 적용해야 합니다. 불명확할 때는 한자어, 영어 등을 함께 활용하여 이해를 도울 수 있습니다.

반복적으로 등장하는 어휘, 핵심 어휘 등은 메모해 둡니다. 특정 분야에 활용하는 개념어는 자주 반복되기 때문에 꼭 습득해야 합니다. 어휘는 실제로 활용할 때, 빨리 습득합니다. 어색하더라도 실생활에서 활용해야 합니다. 특히, 전공 분야나 주 업무 분야의 용어는 따로 기록해서 잘 보이는 곳에 붙여두면 좋아요. 실제로 논문을 읽을 때, 비슷한 주제의 논문은 같은 단어를 반복해서 활용합니다. 이러한 개념어만 분명히 익혀도 독해가 수월해집니다.

전자책 플랫폼은 인터넷 사전 검색과 연결된 경우가 많아서 바로바로 검색 가능합니다. 한번 눈에 익혀두면 나중에 봤을 때 더 반가울 거예요. 단어 검색을 할 때는 예문을 눈여겨보세요. 단어를 어떻게 활용하는지 알아두면 의미를 연결 짓기 좋고, 문장의 분위기를 파악하는 데 도움이 됩니다.

청소년 수업 때 나왔던 사례를 바탕으로 설명하겠습니다. 사전 검색, 예문 활용으로 어휘의 의미와 함께 부정적인 뉘앙스도 파악할 수 있습니다. 나중에 이렇게 익힌 어휘를 직접 사용하면 더욱 유용하겠지요.

상대방을 음해하기 위하여 가짜뉴스를 만드는 일도 있습니다.

- 음해: 그늘 음(陰), 해할 해(害)
- 뜻: 몸을 드러내지 아니한 채 음흉한 방법으로 남에게 해를 가함
- 예시: 소영이가 시험을 볼 때 부정행위를 했다는 소문은 누군가의 음해였다.
  아버지께서는 형에게 다른 사람을 음해하는 것은 올바른 행동이 아니라고 충고하셨다.

조금 더 체계적으로 공부하고 싶다면 분류해서 정리하는 것도 좋은 방법입니다.

① 상위어 / 하위어: 상위 개념과 하위 개념으로 나누어 정리하며 구조를 익힙니다.

예) 종교 〉 기독교, 불교, 천주교, 힌두교

전통 옷 〉 한복, 기모노, 치파오, 아오자이

② 유의어 / 반의어: 뜻이 비슷한 말, 반대인 말을 함께 정리하며 관계를 정립합니다.

예) 처우: (유) 대우, 대접

이익: (유) 소득, 수익, 이득 (반) 손해

③ 동음이의어 / 다의어: 소리는 같으나 뜻이 다른 말, 뜻이 여러 가지인 말을 함께 정리합니다.

예) 호전(好戰): 싸움을 좋아하다.

호전(好轉): 일의 형세가 좋은 쪽으로 바뀌다.

병의 증세가 나아지다.

03 READING COMPREHENSION

배경 지식은 차곡차곡 쌓인다

배경 지식 점검과 활성화

같은 거리도 아는 길은 더 빨리 갈 수 있고, 낯선 길은 더욱더 오래 걸립니다. 심리적으로 막연하기 때문이지요. 글도 마찬가지여서 마음가짐이 중요합니다. 읽어야 하는 글과 글이 다루는 주제에 대해 얼마나 알고 있는지, 얼마나 친한지 미리 점검합니다. 얼마나 집중해야 하는지 마음의 준비를 하는 거죠.

이러한 성향이 분명한 분은 "심리 분야는 관심 많은데 경제는 낯설고 어려워요.", "소설은 재미있는데 과학은 딱딱하고 어려워요." 등 직접적으로 말하기도 합니다. 쉬운 글이어도 낯선 주제는 무조건 멀리하는 분이 많습니다. 편독 습관에 길든 것이지요. 안 쓰는 근육은 퇴화하듯이, 낯선 분야는 점점 더 어려워집니다.

너무 겁먹지 마세요. 적절한 마음의 준비가 필요합니다. 수능 언어영역이나 논술 준비할 때, 다양한 영역 문제를 많이 풀어보라고 하지요. 자신이 아는 작품! 아는 작가! 아는 철학자! 아는 주제가 나오면 훨씬 수월합니다. 마음가짐이 달라지며 머리도 빠르게 움직입니다.

가장 먼저 해야 할 것은 배경 지식 점검입니다. '이 주제에 대해서 얼마나 알고 있는가?', '이런 종류의 글을 읽어보았나?', '이 주제에 관심이 있는가?' 등등을 질문하며 스스로 진단하여 봅니다.

읽기를 코칭하다 보면, 가상화폐에 대한 글을 종종 다룹니다. 그럴 때마다 수강생에게 "가상화폐에 투자한 적 있나요?", "가상화폐에 대해 얼마나 알고 있나요?"라고 먼저 물어봅니다. 투자의 성공 여부와 상관없이, 투자했던 분은 경험이 있고, 관심이 많아서 훨씬 적극적으로 칼럼 내용을 습득했어요. 반대로 아닌 분은 저세상 이야기처럼 낯설게 느끼곤 했습니다. 이 차이가 은근히 큽니다.

그래서 우리는 점검 이후로 적극적으로 활성화를 해야 해요. 글의 대략적인 주제와 관련한 독자의 배경 지식을 최대한 꺼냅니다. 티끌 모아 태산이라고, 관심이 없거나 경험이 없어도 여기저기서 긁어모아 연결 지어야 합니다. 이것도 중요한 능력이에요.

책을 많이 읽으면 독해력이 향상된다고 하는데, 많은 부분이 배경 지식에 관련한 내용입니다. 어린이도 공룡에 대한 지식은 준전문가 수준인 경우가 있어요. 읽기도 힘든 공룡의 이름을 척척 외우고, 역사부터 특징까지 줄줄 이야기합니다.

관심 있는 분야니까 스스로 찾아서 영상도 보고, 박물관도 가고, 책을 읽으며 배경 지식을 마구마구 쌓은 겁니다. 빈익빈 부익부를 여기서도 적용할 수 있어요. 배경 지식이 많을수록 쉽게 이해하고, 더 많이 쌓이고, 그걸 바탕으로 해당 주제에 관한 책을 더 쉽게 이해하는 선순환이지요. 그러니 전문지식까지는 아니어도, 관련된 작은 경험이라도 최대한 끌어내는 것이 좋습니다.

플랫폼 비즈니스에 대한 글을 읽고 코칭하는 과정에서 "플랫폼을 이용해본 적 있나요?"라고 물으면 대부분 딱히 없다고 해요. 여기서 포기하면 안 됩니다. "배달 앱을 이용한 적 있나요?", "넷플릭스 이용한 적 있나요?", "지식 강의 플랫폼 이용한 적 있나요?" 이렇게 세부적으로 물어보면 한두 명씩 경험이 있다고 해요. 쐐기로 "유튜브 이용한 적 있나요?"라고 하면 모두 있다고 합니다. "아! 유튜브도 플랫폼이군요."라고 하면서 수강생의 배경 지식과 텍스트의 연결고리를 형성합니다. 혼자 읽을 때도 이런 연결고리를 계속 만들고 배경 지식을 활성화하도록 노력해야 합니다.

효율적으로 배경 지식 쌓기

아주 척박한 땅에서 물을 구하는 것은 힘든 일입니다. 배경 지식이 부족한 사람에게 연결고리를 만드는 일은 정말 힘듭니다. 시작이 반이에요. 직접이든 간접이든 경험은 소중해요.

저는 마중물이란 말을 좋아합니다. 물이 하나도 없으면 열심히 펌프질을 해도 물이 잘 올라오지 않습니다. 그때 펌프 몸통 안에 물을 한 바가지 부어주면 펌프질이 쉽고, 물도 잘 따라옵니다. 배경 지식이 있으면 읽기도 점점 매끄럽게 진행되지요. 이 마중물로 배경 지식을 넣어주는 방법을 알아보겠습니다.

첫째, 관련 영상을 통해서 배경 지식을 쌓습니다.

직관적이고 쉽게 정보를 습득할 수 있는 영상 매체를 활용합니다. 대표적으로 유튜브가 되겠고, 교양 예능, 다큐멘터리, 영화도 좋습니다.

만약, 최근 경제 이슈에 대한 칼럼을 읽는다면, 관련 뉴스를 보고 흐름을 파악한 후에 읽으면 큰 도움이 됩니다. 강연 프로그램을 챙겨보는데, 물리학 실험이나 천문학 관련 내용은 시각적인 자료가 쉽게 와 닿더군요. 그렇게 이해한 상태에서 관련 텍스트를 읽으면 머릿속에 상황이 잘 그려집니다.

고전 같은 책도 관련 영상을 통해 시대적 배경이나 작가의 일생 등 배경 지식을 쌓은 후 도전하면 수월합니다. 통독의 개념으로 전체를 요약한 영상을 미리 만나는 때도 있어요. 끝을 아니까, 자신감을 얻는 것이죠.

고전문학을 읽을 때 유튜브 채널 〈민음사 TV〉를 자주 활용합니다. 작가들의 일대기와 시대적 배경, 작품 속 뒷이야기 영상이 풍부합니다. 이런 영상을 읽고 고전을 보면 훨씬 흥미롭게 다가갈 수 있어요.

개인의 성향에 따라 다른데, 과도한 배경 지식 활성화가 책에 대한 스포일러가 되어 독서 흥미를 떨어뜨리는 일도 있습니다. 적당히 몰라야 읽으며 깨우치는 맛이 있다고 하는 분은 딱 예고편 정도만 활용하는 것이 좋아요. 영화도 스포일러 당하는 것을 극도로 피하는 분이 있잖아요. 영상 자료는 많으니, 적절히 선택해 주세요.

둘째, 쉬운 책을 통해서 입문할 수 있습니다.

관련 주제를 다룬 만화책, 청소년 책, 입문용 책의 도움을 받는 것입니다. 요즘은 1페이지 세계문학, 청소년용 다이제스트 고전, 만화로 된 역사 등등 쉽고, 넓게, 얕은 지식을 표방하는 책이 많습니다. 적절히 잘 활용하면 좋아요.

조선왕조실록, 삼국지, 수호지 같은 역사물은 만화책이 많고, 웹툰이나 게임도 많습니다. 저 또한 어려서 읽은 만화 조선왕조실록이 지금까지 역사서를 읽는 데 큰 도움이 돼요. 〈조선왕조실록〉이란 웹툰은 역사 선생님들이 학생들에게 추천하는 작품으로 알려지기도 했어요.

중요한 건 거기서 멈추는 것이 아니라, 배경 지식을 쌓고 다음 단계로 도전해야 한다는 사실! 이 정도만 알고 땡 하면 오히려 역효과가 날 수 있어요. 이런 역효과 때문에 논쟁거리가 되기도 했습니다. 어려서 만화책이나 요약본으로 얄팍하게 고전을 접한 학생이, 이미 읽었다고 생각하고 정식 고전을 읽지 않는 경우가 많으니까요.

영상도 마찬가지고, 파편화된 정보로 대충 만족하다가는 아는 '척'만 하다 끝납니다. 입문은 말 그대로 입문이니까, 계단으로 활용하세요. 계단 삼아 심도 있게 텍스트를 읽어내야 독해력이 향상되고 전문성도 기를 수 있습니다.

셋째, 직접 경험하는 것입니다.

살아 있는 경험은 머릿속과 마음속에 깊이 새겨집니다. 뜨겁게 사랑했던 경험은 소설을 읽고 인물을 이해하는 데 큰 힘이 됩니다. 투자 해봤던 경험은 경제경영 책을 읽고 시장 흐름을 이해하는 데 도움이 됩니다. 누군가를 떠나보냈던 경험은 삶과 죽음에 대한 통찰력을 자극할 수도 있어요. 우리의 경험이 모여 현재의 나를 만듭니다. 소중한 경험을 자주 꺼내고 활용하세요.

메타버스 관련 글을 읽을 때, 항상 묻는 것이 "메타버스 아바타 만들어 보신 분?"입니다. 아바타를 만들고 직접 메타버스에서 생활해보신 분들은 바로바로 이해합니다. 하지만 경험하지 않으신 분은 상상만으로 그 세계를 이해해야 하므로 쉽지 않습니다.

배경 지식 다듬기

배경 지식은 고정되어 있는 것이 아닙니다. 유연하게 변하지요. 그래서 계속 다듬어야 합니다. 피아제의 인지발달 이론에 의하면 우리의 스키마(도식, 배경 지식 유사 개념)는 동화, 조절, 평형화로 이루어집니다.

동화는 자신의 기존 스키마를 중심으로 새로운 자극, 정보를 머릿속에 저장합니다. 조절은 새로운 정보를 받고 기존 스키마를 수정하고 업데이트하는 과정입니다. 이런 동화와 조절의 균형을 통하여 평형화 상태에 이릅니다. 이 평형화는 또, 기존 스키마가 되고 동화 - 조절 - 평형화를 끊임없이 맞이해요.

지금 시대는 지식도 굉장히 빨리 변합니다. 과거에 읽고 습득했던 지식이 지금은 유효하지 않은 경우가 많지요. 과학 기술이 발달하면서 새롭게 밝혀진 진리가 있고, 사람들의 목소리를 통해서 수정된 정보도 있습니다.

읽기 코칭 시간에 인공지능을 주제로 한 칼럼을 함께 읽었습니다. 인공지능 지식보다 문체가 유쾌하고 재미있어서 종종 다루는 글이었어요. 그런데 인공지능에 관심이 많은 한 분이, 너무 오래된 글이라 지금 상황과 맞지 않는다고 말씀하셨습니다. 한 7년 전쯤, 인공지능은 이런 것이 불가능하다라고 호언장담했던 내용이, 지금은 가능한 영역으로 밝혀진 거였지요.

나아가 입장의 차이, 해석의 여지가 있는 지식도 있습니다. 비판적 읽기, 상호보완적 읽기가 필요한 영역입니다. 뉴스에서 다루는 지식도, 언론사에 따라 논조가 다릅니다. 작가도 정치적 성향이나 가치관을 글에 반영하는 경우가 많아요. 유튜브의 편파 방송은 더욱 심각합니다. 그래서 "내가 전에 책에서 봤어! 유튜브에서 봤어! 뉴스에서 봤어!"라고 하는 경직된 사고를 경계해야 하는 부분입니다. 지속적으로 동화와 조절, 평형화를 생각해야 합니다.

데이터 거래소에 관한 글을 함께 읽는데, 데이터를 누가 관리하면 좋을까에 대한 주제는 토론 거리였습니다. 기업이 관리하는 것의 좋은 점과 나쁜 점, 정부가 관리하는 것에 대한 장단점, 개인이 관리했을 때, 일어날 일들이 뒤섞였어요. '데이터'에 대한 이야기를 충분히 나누고 나서 사람들은 각자의 시각이 담긴 뉴스, 읽었던 책, 다큐멘터리 등을 공유했습니다.

글에는 작가의 생각이 담겨 있습니다. 의식적이든 무의식적이든 작가는 지지하는 방향이 있을 것이고, 설득하려는 의도가 스며들어 있을 수도 있어요. 여기에 주체적인 반응을 하기 위하여 유연한 배경 지식이 필요합니다. 그때 같은 주제, 다른 시각의 텍스트를 함께 읽으면 입체적으로 생각하는 데 큰 도움을 받을 수 있습니다.

[코칭 이야기 2]

어휘력 / 배경 지식 영역

Q. 배경 지식이 거의 없을 때?

과학, IT 관련 글을 읽을 때 엄청나게 겁먹고 거리감을 느끼는 분이 있습니다. 글에서 충분히 설명하고 있는데도, 블록체인·암호화폐·데이터 이런 내용만 보면 숨을 턱턱 막힌다고 합니다. 쉬운 내용인데도 서양 철학자 이름만 나오면 외면하는 분도 있지요. 간단한 예라 무시해도 되지만, 그러질 못합니다.

기초 독해력으로 충분히 이해 가능한 글도 심리적으로 지고 들어가요. 다른 주제로 넘어갈 수는 있지만, 그럼 그 주제에 대한 배경 지식을 접할 기회도 날아갑니다. 앞으로 계속 겁먹을 겁니다.

그렇지 않기 위해서 부딪쳐야 합니다. 앞에서도 이야기했지만, 유튜브 영상이나 가벼운 책으로 마중물을 채워야 합니다. 배경 지식은 결국 쌓아야 맛입니다.

Q. 배경 지식이 한 쪽으로 쏠려 있을 때?

판사님이 법과 판결에 관해 쓴 글을 읽고 코칭 하는데, 사회적으로 민감한 주제였습니다. 최근 성범죄자 솜방망이 처벌 이슈와 맞물려, 사법 체계에 대한 불만이 쌓여 있는 수강생과 함께한 시간이었습니다. 그분은 메신저가 말하는 '메시지'는 구석으로 밀어놓고, 평소에 가지고 있던 신념을 바탕으로 독해를 했습니다. 이럴 때는 텍스트를 왜곡해서 이해할 위험이 있어요.

나의 기존 신념과 반하는 작가의 생각을 마주했을 때, 특히 조심해야 합니다. 항상 마음의 안정과 함께 '무슨 말을 하는지 우선 들어보자!'라는 태도를 보여야 합니다. 비판과 창의적 생각 전개는 나중에 하면 됩니다. 일단 판단을 유보하고 내가 알고 있던 사례와 다른 각도에서 자료를 더 찾아보는 것이 배경 지식의 균형을 잡는 데 큰 도움이 됩니다.

Q. 배경 지식이 너무 많을 때?

다양한 주제의 글을 접하다 보니, 수강생분들이 해당 분야의 전문가인 경우도 있어요. 그럼 훨씬 독해가 잘 될 것 같지만, 세부적인 내용에 꽂혀 큰 그림을 놓치는 경우가 많습니다.

인공지능을 하나의 도구, 사례로 가지고 와 전개한 '사회면' 글이었는데요. '과학자'의 입장에서는 부족한 부분이 많았을 겁니다. 세부적인 내용에 꽂혀 진행이 이루어지지 않았지요. 대략적인 의도만 파악하고 넘어갈 수 있는 부분인데도, 현재 AI 기술 수준에 비추어 지적하다가 중요한 글의 의도를 놓쳤습니다. 과유불급! 배경 지식도 적절히 조절하여 활용하는 것이 중요합니다.

01 중요도 판별하기

결국은 선택과 집중 | 제목이라는 표지판 활용하기 | 꾸준히 흔적 남기기

02 명확한 키워드 뽑기

단계적으로 접근하기 | 반복에 집중하기 | 핵심 키워드를 연결하여 메시지 만들기

03 깔끔하게 요약 정리하기

중복은 생략하고 개념과 주장 파악하기 | 구조를 고려해 전체 그림 담기 |
낯선 이에게 간단히 설명하기
[코칭 이야기 3] 핵심 키워드 / 내용 요약 영역

제3장

핵심을 찾고 내용을 요약하는 법

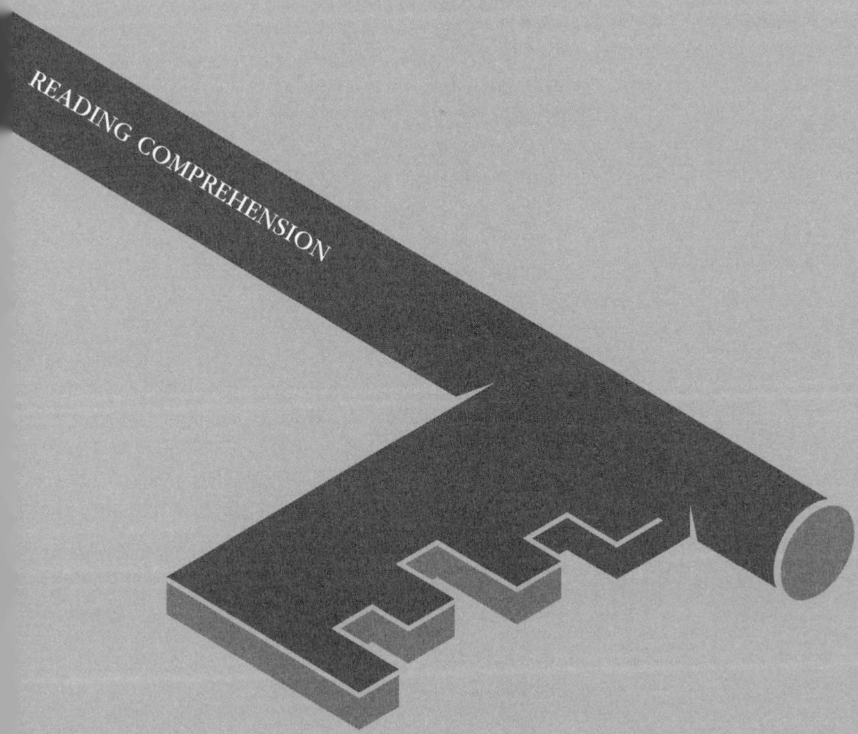

핵심을 찾고
내용을 요약하는 힘
READING COMPREHENSION

정해진 기준을 바탕으로 더 중요하고,
덜 중요한 것을 구분하는 일이 필요합니다.

01 READING COMPREHENSION

중요도 판별하기

결국은 선택과 집중

우리는 모든 것을 기억하고, 담을 수 없으므로 선택과 집중을 해야 합니다. 그래서 일부만 장기기억으로 건너가지요. 결국, 정해진 기준을 바탕으로 더 중요하고, 덜 중요한 것을 구분하는 일이 필요합니다. 내용 이해를 위하여 기준 즉, 글의 핵심 메시지가 있어야 합니다. 독자가 개인적으로 좋아하는 부분이 아니라, 글에서 중요한 부분입니다. 그걸 알지만, 뭐가 중요한지 찾기가 힘들 때가 있습니다. 그래서 표지들을 활용하여 1차 키워드를 잡고 그걸 중심으로 중요도를 판별합니다. (감상적 읽기는 상황에 따라 작가의 의도와 상관없이, 개인 인상, 느낌을 기준으로 찾을 수 있지요. 하지만 그건 다른 목적의 콘셉트이니 분리해야 합니다. 감상은 존중하면서.)

말과 글에는 메시지가 있습니다. 우리가 집중적으로 알아볼 비문학에서는 대부분 설명하고 싶은 '정보'가 있거나 설득하고 싶은 '주장'이 있습니다. 물론 글쓴이가 쓴 것 외에 독자가 자유롭게 해석하고 의미를 부여하는 공간도 있지요. 하지만, 일차적으로 의도를 파악하지 못하면 말귀 못 알아먹는 사람, 동문서답하는 사람, 의사소통 안 되는 사람이 됩니다. 그런 의미에서 전하고 싶은 메시지가 무엇인지, 귀를 쫑긋, 눈을 큼지막하게 뜨고 파악하는 자세가 필요합니다.

다들 마음이 급한 시대인 요즘, 단순함이 대세입니다. '원 페이지' 보고서라는 것이 있습니다. 길게 주저리주저리 보고하지 말고, 한 페이지로 정리하라는 의미입니다. 대충 준비하라는 것이 아니라 핵심을 압축하라는 말입니다.

여기서 더 나아가 '한 문장'으로 표현하라고 요구하기도 합니다. '세 가지 키워드'로 정리하기 등도 활발히 이루어집니다. 제대로 압축하기는 쉽지 않은 일입니다. 그래서 차근차근 접근해야 합니다. 읽는 과정에서도 항상 핵심 키워드를 뽑기 위하여 연습하면 의미를 명확하게 이해하는 데 도움이 됩니다. 키워드 선정 연습 과정을 알아보겠습니다.

제목이라는 표지판 활용하기

글을 본격적으로 읽기 전에 많은 표지판을 활용할 수 있습니다. 책이나 논문 같은 경우에는 제목, 목차, 소제목 등이 그 역할을 하죠. 이러한 요소는 글쓴이가 고심 끝에 만들어 낸 키워드의 집합체라고 할 수 있습니다. 제목이 마케팅적으로 쓰였을 때는 부제목이 더 책의 내용을 친절하게 담고 있기도 해요. 그런 요소를 잘 활용하면 글의 큰 그림을 짐작하는 데 많은 도움을 받을 수 있습니다. 이런 표지판의 도움을 받으면 전체를 예측할 수 있고, 길을 잃었을 때 중심도 잡을 수 있습니다.

〈SNS를 활용한 성인 북클럽 운영 사례 연구〉

- 성인 북클럽 관련 주제구나! (학생이 아니라)
- SNS를 활용했구나! (어떻게 활용했을까?)
- 직접 운영한 사례를 담았구나! (실제 사례가 궁금하네)

《미디어 읽고 쓰기》_건강한 미디어 생활을 위한 미디어 리터러시

- 미디어에 관한 책이구나! (왜 읽고 쓰기라고 표현했을까?)
- 미디어 리터러시라는 키워드를 다루는구나!
- 건강한 미디어 생활이 목표구나! (부자나 성공, 구독자 수보다)

《독서에도 교육이 필요하다면》_독서교육을 시작하는 이들에게 전하는 친절한 안내서

- 독서교육에 관한 책이구나 (교육이 필요하다는 전제구나)
- 학부모나 교육자를 위한 안내서구나 (지도하는 사람들에게 도움이 되겠구나)

꾸준히 흔적 남기기

책을 지저분하게(?) 읽으라고 강조하시는 독서가분이 많습니다. 그 의미는 그때그때 부지런히 기록하라는 의미입니다. 중요하다고 생각되는 부분, 내 생각을 더 하고 싶은 부분, 다시 보고 싶은 부분에 다 흔적을 남기는 것입니다. 요즘은 전자책에도 좋은 기능이 많아요. 책갈피, 하이라이트, 공유, 메모장 등등. 텍스트에 남기는 흔적이 나의 머리에도 새겨진다는 사실을 꼭 기억하세요.

① 책 끝 접기(대략 표시하기)

명확하게 내용을 이해하지 못할 때는 직감을 믿습니다. 그 직감은 대충 찍는다는 개념이 아니라, 무의식에 깔린 내공을 바탕으로 일어납니다. 우리가 앞에서 제목을 비롯한 여러 표지를 확인했고, 예측했고, 반복되는 단어를 챙겼다면 어느 정도 안테나 감이 좋아

졌을 겁니다. 그 감을 바탕으로 중요한 부분이라는 생각이 들면 대략 표시합니다. 책으로 따지면 책 끝을 살짝 접는 거죠. 나중에 다시 읽기 좋고, 수정해도 됩니다. 우선 짐작하는 과정이 소중해요.

② 포스트잇 붙이기

책 끝을 접는 것처럼, 표시하는 데 많이 사용하는 것이 포스트잇입니다. 포스트잇은 책 끝보다는 좀 더 구체적인 부분입니다. 다른 내용보다 좀 더 중요하다고 생각하는 내용에 붙이는 것이지요. 거기에 추가로 내 생각을 적을 수도 있어요. 작가의 생각에 공감할 수도 있고, 비판할 수도 있습니다. 나중에 다시 확인하기에도 좋아서 많은 분이 애용합니다.

③ 밑줄 긋기

학교에 다녀 본 사람은 모두 밑줄에 익숙할 것입니다. 자습서에는 미리 밑줄이 그어진 경우가 많았고, 수업 중에는 선생님이 교과서에 밑줄 그을 부분을 알려주곤 했지요. 그 내용은 다 중요한 부분이기 때문에 밑줄을 긋는 것입니다. 밑줄 그으면서 머릿속에 담아두라고! 눈에 잘 보이라고! 밑줄은 그 자체로 확실한 강조 표시입니다.

함부로 밑줄을 그으면 안 됩니다. 너무 많은 밑줄은, 밑줄의 의미를 퇴색시켜 버리니까요. 그래서 밑줄에도 등급을 나누어 다른 색으로 표시하는 분도 있습니다. 신중하게 밑줄 긋기 위해서 구체적 표지의 도움을 받는 것이 좋아요. 앞에서 이야기한 반복 키워드, 중요 키워드가 포함된 부분이라거나, '정리하면', '요약하면', '결론은', '그런데도' 등의 접속사 뒷부분을 유심히 봅니다.

④ 공유하기

항상 입력과 출력을 함께 생각하는 것이 좋아요. 좋았던 문장이나 키워드 등을 널리 알리는 겁니다. 핵심 문장이나 좋았던 문장을 주변 사람들에게 읽어주거나 옮겨 적어서 공유합니다. 분위기 있는 이미지로 만들어 SNS에 공유하는 분도 많죠. 전자책의 경우 직접 옮겨 적지 않아도 쉽게 공유할 수 있습니다. 이 정성스러운 과정은 독서에도 매우 유익합니다.

02 READING COMPREHENSION

명확한 키워드 뽑기

단계적으로 접근하기

키워드라고 해서 정확한 핵심을 날카롭게 짚으려고 애쓸 필요 없습니다. 우선은 큰 주제부터 접근해야 합니다. 큰 그림을 잡고 그 안에서 조금씩 좁혀 나가면 수월해요. 예를 들어, '가족 이야기구나', '엄마와 아들의 이야기구나', '감동적인 사연이 있구나' 이렇게 나아가는데 최초에 #가족 이란 키워드를 선정하는 것이 중요합니다. #경제 #법 #문화 등등 거시적인 키워드를 잡는 것은 그리 어렵지 않아요.

들어가면서 크게 생각하며 넉넉하게 뽑지만, 나올 때는 좁혀야 합니다. 그래서 저는 딱 3개! 라는 기준을 정합니다. 처음에는 막막하지만, 여러 개 뽑다 보면 그중에서 고르기는 수월합니다. 마지막까지 고민할 수 있는데, 그럴 때는 유연하게 4개로 해도 돼요. 선택과 집중을 하면서 중요도를 판별하는 그 과정이 중요하니까요.

과정을 정리하면, 첫째, 글을 읽고 크고 넓은 주제를 키워드로 선정합니다. 그리고 넉넉하게 핵심 키워드로 보이는 것을 추가해요. 둘째, 나열된 키워드 중 비슷한 것끼리 묶습니다. 셋째, 각 영역에서 대표되는 것을 뽑아요. 중요도를 나누는 거죠. 이 정도 하면 핵심 키워드 3개가 나옵니다.

한 판사님의 인공지능 판사와 인간 판사에 대한 칼럼을 수강생과 함께 읽었습니다. 핵심 키워드를 뽑는데 #법 #판사 #재판 #양형 #헌법 #인공지능 #기계 #사람 #인간적 #불만 등 넉넉히 시작했습니다. 여기서 3개만 고르자고 했는데, 수강생들은 굉장히 힘들어했어요. 그래서 우선 비슷한 것끼리 묶자고 했습니다. (#법 #판사 #재판 #양형 #헌법), (#인공지능 #기계), (#사람 #인간적), (#불만) 그러자 이렇게 4개의 덩어리가 나왔어요. 중복된 것은 굳이 살릴 필요 없으니, 덩어리에서 대표로 하나씩만 뽑자고 했습니다. #판사 #인공지능 #사람 #불만이 남았어요. 그래도 기준이 3개니까, 하나를 뺀다면? #판사 #인공지능 #사람이 최종 키워드로 남았습니다.

반복에 집중하기

그냥 쓱 읽었는데, 의미가 딱 잡히면 얼마나 좋겠습니까. 그렇지 않을 때, 우리는 이런저런 방법을 사용합니다. 방탈출 게임을 한다고 생각하세요. 어디에 단서가 있을지 몰라서 두리번거리고, 그러다 단서를 바탕으로 문제를 해결하고 탈출하지요. 겉으로 드러나는 단서, 반복되는 메시지, 단서들을 엮어 추론하는 능력, 모두 포함합니다.

표지판이 명확히 드러나지 않는 경우, 글 안에서 관찰하는 방법도 유용합니다. 우선 반복해서 나오는 단어에 민감하게 반응할 필요가 있습니다. 강조하는 최고의 방법 중 하나가 반복이에요. 의도적으로 반복해서 강조할 수 있고, 무의식적으로 머릿속에서 맴돌아 자꾸 언급할 수 있어요. 자꾸 나오는 단어를 체크하면 키워드가 될 확률이 높습니다. 적어도 근처에는 가죠.

미디어 리터러시란 말은 요즘 어렵지 않게 들을 수 있는데요. '읽고 쓰는 능력'이란 의미의 리터러시와 미디어가 합쳐진 말입니다. 리터러시의 고전적 정의는 '문자화된 기록물'을 전제로 하고 있어 '문식성', '문해력'이란 말로 번역되기도 하는데, 여기서는 리터러시란 말을 그대로 쓰겠습니다. 이외에도 리터러시는 '뉴스 리터러시', '게임 리터러시', '디지털 리터러시', '유튜브 리터러시' 등등 다양한 곳에 덧붙여 사용하는데, 이 책에서는 폭넓은 의미의 미디어 리터러시로 정의합니다. 미디어 리터러시를 한마디로 정리하면 '미디어가 전달한 메시지를 이해하고 표현하는 능력'이라 할 수 있지요.

《미디어 읽고 쓰기》 책의 일부분입니다. 이 글에서 가장 자주 나오는 단어는 '리터러시'입니다. 그리고 '미디어'란 말도 자주 나오고 합쳐서 '미디어 리터러시'라는 단어도 볼 수 있습니다. 적어도 세 가지 키워드는 뽑을 수 있습니다. #미디어 #리터러시 #미디어_리터러시.

청년 문제에 관한 칼럼을 함께 읽었습니다. 여러 가지 이슈가 있지만, 니트족(NEET, 직업도 없고 직업을 구할 생각도 없고 취직을 위해 교육도 받지 않는 15~34세 사이의 사람)에 관한 이야기가 반복적으로 나왔어요. 증가하는 니트족, 니트족이 된 원인, 기존의 시각, 새로운 시각, 니트족 인터뷰, 지원책 등등.

이 글을 읽고 우리는 #니트족이라는 키워드를 뽑을 수 있어야 합니다. 반복하는 키워드는 메시지에 대한 강조이고, 핵심 키워드의 중요 요소 중 하나니까요. 거시적으로 청년 문제, 지원책 등등도 가져올 수 있어요.

핵심 키워드를 연결하여 메시지 만들기

집중하여 읽으면 키워드가 눈에 들어옵니다. 제목에서 나온 말인데~, 앞에서 나온 말인데~, 반복되는 말인데~, 뭔가 힘을 준 것 같은데~ 중간중간 깃발을 꽂으면서 읽어 나갑니다. 깃발이 한 방향성을 가지고 있다면 바로 핵심 메시지로 이어지는 것이지요.

글을 읽으면서 키워드를 파편으로 모았다면, 읽은 후에 그것을 한번 연결해 봅니다. 연결해서 대략 한 문장으로 만들어진다면, 글의 핵심 메시지일 확률이 높습니다. 당연한 말 같지만, 많은 분이 키워드에서 뽑은 내용과 핵심 메시지를 연결하지 못합니다. 그 과정에서 중복되는 것, 흩어진 것을 정리할 수 있고, 읽기 과정도 점검할 수 있어요.

조심할 것은 키워드는 글에서 뽑고, 핵심 메시지를 내 머리에서 뽑는 상황입니다. 기본적으로 텍스트를 이해하려는 노력, 작가가 말하는 메시지를 찾아야 하는데, 내 머릿속에서 해석해 만들어낸 메시지를 꺼내는 문제가 종종 생깁니다. 글을 다 읽은 후, 주관적 감상이 강력하게 반영되어 전체적인 맥락을 놓치는 것이지요. 코칭 사례에서 만나 보겠습니다.

청년 문제에 관한 글을 읽고 핵심 키워드를 뽑아 보았습니다.

#청년_문제 #니트족 #새로운_시각 #지원책, 여기까지는 텍스트에 단서가 많아서 잘 이루어 냈습니다. 그런데 뽑아낸 핵심 메시

지는 조금 방향이 달랐어요. 키워드를 바탕으로 메시지를 뽑는다면, '청년 문제 중 니트족 이슈를 새로운 시각으로 바라보고 지원책을 마련해야 합니다.' 정도가 나와야 할 텐데, 새로운 시각이나 지원책 같은 것보다 스스로 해결해야 한다는 뉘앙스가 강했어요.

왜 그런가 보았더니, 평소 청년 문제에 관한 생각이 작가와 달랐던 거예요. 새로운 시각으로 따뜻하게 바라보며, 다양한 지원책을 마련하자는 작가의 메시지에 대한 정서적 거부감이 심한 상태였던 겁니다. 평소의 신념이 객관적 독해를 방해한 것이지요.

비슷한 사례는 더 있습니다. 인공지능 판사에 관한 글을 읽고 핵심 키워드를 뽑아 보았습니다.

#불만 #판사 #인공지능 #인간적 여기까지는 텍스트를 근거로 해서 잘 나왔습니다. 이대로 메시지를 뽑는다면, 최근 판결에 대한 불만으로 인공지능 판사에 관한 이야기가 나오지만, 인간적인 판사가 필요하다 정도가 됩니다.

하지만 수강생은 인간 판사를 꾸짖는 방향으로 메시지를 뽑은 거예요. 이야기를 나누어 보니, 본인은 인공지능 판사를 도입하는 것이 더 공정하다고 생각하는 쪽이었습니다. 그러니 인간 판사의 칼럼이 자기 옹호로만 보였고, 날카롭게 대응한 거였습니다.

핵심 키워드는 중간중간 꽂은 깃발입니다. 마지막 다 읽은 후의 감상보다 더 객관적인 단서가 될 수도 있습니다. 그러니 핵심 키워드를 잘 연결해서 핵심 메시지로 구성하는 연습이 필요합니다.

키워드를 수정할 수 있고, 메시지를 수정할 수 있지만, 결국 키워드와 메시지는 같은 그림을 그려야 합니다.

03 READING COMPREHENSION

깔끔하게 요약 정리하기

중복은 생략하고 개념과 주장 파악하기

본격적으로 요약·정리하려면 내용을 줄여야 합니다. 앞에서 중요한 부분을 잘 체크했으니 그 부분을 위주로 적으면 되겠지만, 그래도 길지요. 그렇다고 줄이는 것에만 집중하다 보면 정말 중요한 부분을 생략해서 의미 전달이 안 될 수도 있어요. 깔끔한 요약·정리를 위해서는 잘 생략하고 자연스럽게 연결하는 것이 중요합니다.

글을 쓰면서 중요한 부분, 강조하는 부분은 반복한다고 앞에서 말씀드렸지요. 반복해서 나오는 것이 중요하다 보니, 키워드나 문장을 계속 체크했을 겁니다. 그중에서 하나만 살려야 합니다. 글자는 다른데 의미가 같은 때도 있고, 같은 말인데 풀어서 설명한 예도 있습니다. 하나의 개념을 설명하는데, 친절하게 여러 가지 사례를 드는 일도 있어요. 의미를 중심으로 해서 중복되는 부분은 합쳐 주세요. 집 청소를 할 때 같은 용도의 물건 중 하나를 처리하는 것과 같습니다. 책장을 정리할 때도, 같은 책이 여러 권이라면 먼저 정리 대상으로 삼지요.

요약은 결국 선택과 집중입니다. 그 기준은 순간의 느낌보다, 앞에서 꾸준히 쌓아 온 생각의 흔적들이지요. 키워드 찾고 포스트잇 붙이고, 밑줄 긋고, 색깔로 강조하고…. 이런 것을 바탕으로 판단합니다. 이는 정리를 한 줄로 할 것인지, 세 줄로 할 것인지, 한 페이지로 할 것인지에 따라서 또 달라집니다. 한 줄은 정말 핵심만, 세 줄은 부연 설명을 추가, 한 페이지는 좀 더 세밀하게 다가가거나 큰 그림을 담을 수 있지요. 그래서 기본적인 형식(분량)을 정하고 요약하면 좀 더 수월합니다.

보고서나 과제, 자기소개서나 감상문 같은 경우에도 분량이 정해진 경우가 많지요. 그 분량이라는 형식 안에서 보여줄 것을 보여주어라! 이런 의도입니다. 한 페이지 이내, 3,000자 이내와 같은 조건이 내가 어느 정도로 정리할지 틀을 잡아줍니다. 주어진 조건이 없으면 스스로 조건을 만들어야 합니다.

"나는 다섯 줄 정도로 정리해야지! 한 페이지로 정리해야지."

이렇게 정하고 거기에 맞추어 쓰는 겁니다. 여기에 맞게 선택과 집중의 범위도 달라지니까요. 생각했던 것보다 너무 짧으면 성의 없어 보이고, 너무 길면 지루하게 느껴지니 잘 조절해야 합니다.

사례나 근거보다는 개념과 주장에 힘을 주세요. 글에서 키워드의 개념을 정리해 설명한다는 것은 중요하다는 의미입니다. 중요하지 않으면 굳이 정리하지 않고, 주석이나 날개 부분에 빼곤 해요. 짚고 넘어갈 필요가 있으니 개념 정리를 자세히 하고 그걸 바탕으로 논의를 전개하는 경우가 많습니다.

이해를 돕기 위해 사례를 드는 경우가 많은데, 둘 중 하나를 고르라면 개념이 더 중요합니다. 주장과 근거에서도 주장이 핵심이고 근거는 이를 뒷받침해주는 역할입니다. 여기서 둘 중 하나를 고르라면 주장이 더 중요한 경우가 많습니다. 신뢰를 주기 위해 설문 조사 결과, 통계를 가져오는 경우도 많고 전문가의 말을 인용하기도 합니다. 이것은 강조를 위한 부연 작업이니 적당히 활용하면 됩니다. 구구절절 다 설명하지 않고, '다양한 통계로 증명합니다.'라는 정도로 압축할 수 있어요.

형식적인 방법이 의미 있는 경우, 요약에 담을 필요가 있어요. 그때도 세세한 내용을 다 풀어낼 필요 없이, 어떤 방법을 활용하여 전개한다는 것이 중요합니다. '이러이러한 사례를 들어 설명합니다.', '다른 나라와 비교하여 상황을 전달합니다.' 정도로 압축하면 좋습니다.

구조를 고려해 전체 그림 담기

내용을 잘 정리하는 것이 중요합니다. 요약·정리를 잘못하면 그 이후에 '핵심 메시지 찾기'와 '생각 더하기', '감상'도 주르륵 미끄러지는 경우가 많거든요. 잘못된 퍼즐 위에 새로운 퍼즐을 쌓으면 쌓을수록 위태롭고, 결국 쓰러지고 맙니다. 그때마다 "요약을 읽으면 전체 그림이 그려지도록 정리하세요."라고 피드백해요. 일부만 똑 떼어오는 것이 아니라, 최대한 전체를 압축하는 느낌입니다. 압축을 강조하는 이유는 일부만 발췌했을 때 놓치는 것이 많기 때문입니다.

두꺼운 이불을 정리할 때, 압축팩을 많이 사용합니다. 압축팩은 공간을 최소화하고 누르고 눌러서 부피를 줄이죠. 힘든 일이지만 이렇게 하면 부피를 최대한 적게 만들 수 있습니다. 이렇게 하지 않고 이불의 일부를 잘라 똑 떼어온다면 전혀 다른 상태가 됩니다. 다시 전체를 볼 수가 없지요.

선택과 집중을 하는 과정에서 일부 삭제, 발췌는 자연스러운 과정입니다. 하지만 처음부터 과감하게 가위질을 하고 통편집을 하는 것은 문제가 있어요. 이렇게 좁은 울타리를 만들고 그 안에서 생각하니 이후의 피드백도 귀에 잘 들어오지 않지요. 통편집했던 것은 되돌리기도 어렵지요. 그래서 '부분 발췌'보다 '압축'의 느낌을 기억하고 요약하세요.

전체 그림을 파악할 때는 글의 구조, 외적/내적, 내용/형식 요소를 충분히 고려해야 합니다.

잘못 요약한 사례를 바탕으로 설명하겠습니다. 배경(3줄), 사례 A(3줄), 사례 B(3줄), 마무리(1줄)로 구성한 10줄의 글이 있습니다.

이 글에서 사례 A는 조금 추상적으로 나와 있어 이해가 쉽지 않습니다. 반면에 사례 B는 실생활 바탕으로 명확하게 설명합니다. 그럼 많은 분이 사례 A는 무시하고, 사례 B를 중심으로 내용을 요약합니다. A와 B가 비슷한 맥락이면 그래도 괜찮지만, 그렇지 않은 때도 있어요. B만으로는 설명이 되지 않기 때문에 A를 가져온 경우죠. 그런데 A를 무시하고 B로만 내용을 이해하면 지엽적인 결론에 다다르기도 합니다.

실제로 노벨상에 관련된 글을 수강생과 함께 읽었습니다. 우연한 과학적 발견 때문에 노벨상을 수상한 과정이 상세하게 담겨 있고, 이를 통해 과학은 우리 모두의 성취라는 내용이 담겨 있었지요. 핵심 메시지는 뚜렷한 편이었지만, 요약하는 처지에서는 맥락을 담을 필요가 있습니다. 하지만 과학이 낯설고 어려웠던 수강생은 그 메시지가 나온 과정은 쏙 빼고, 핵심 메시지를 포장해서 요약을 채워 넣었어요. 무의식적으로 회피한 것입니다. 이런 요약은 글의 전체 맥락을 담지 못하고, 설득력이 줄어듭니다.

이해가 안 되는 경우에는 외적 정보를 추가로 활용하는 것도 방법입니다. 배경 지식이 있으면 좋지만, 없다면 다른 정보를 활용해도 됩니다. 작가에 대한 정보, 작가의 다른 글이나 인터뷰, 시대적 배경으로 글을 이해하고 내적 정보와 잘 연결해야 합니다. 이해를 제대로 해야 생략할지, 말지를 선택할 수 있으니까요.

또 형식적으로 접근해서 '사례 A가 30%의 비중을 차지하는데, 그냥 넣었을 이유가 없다. 의미가 무엇일까? 왜 이 글에 넣었을까?' 고민해야 합니다. 이어서 '사례 A와 사례 B의 차이는 무엇일까? 이 둘을 통해서 도출할 수 있는 메시지는 무엇일까?' 등을 파고듭니다. 중요한 단서, 심층적 단서를 찾을 수 있어요.

이 내용을 객관적으로 잘 살린 것이 목차입니다. 그래서 목차(구조)를 중심으로 의미를 파악하면 요약 정리하는 데 큰 도움이 됩니다.

글을 읽을 때, 독자마다 주목하는 부분이 다릅니다. 그래서 많이 하는 실수 중에 내가 주목한 부분을 중심으로 요약하는 것입니다. 예를 들어, 전체 글이 1장(25%), 2장(25%), 3장(25%), 4장(25%)으로 구성되었다고 했을 때, 3장에 꽂힌 분은 3장을 중심으로 전체 글을 요약하는 것이죠. 심하면 1장은 통째로 쏙 빼놓기도 합니다. 중요도에 의한 선택과 집중이 아니라, 자신의 기울어진 인식 때문인 경우가 많아요. 이렇게 시야가 좁은 요약은 전체 맥락을 놓칠 위험이 있습니다. 그럴 때 좋은 길잡이가 되어주는 것이 목차입니다.

비문학 책이나 논문, 보고서에서 목차는 글의 뼈대라고 할 수 있습니다. 목차가 없는 짧은 글은 문단을 나누어 보세요. 대충 서론 / 본론 / 결론, 주장과 근거, 원인과 결과, 비교와 대조, 문제와 해결

등의 구조가 보일 겁니다. 이것을 바탕으로 내용을 요약하면 글의 전체 맥락을 담는 데 큰 도움이 됩니다.

낯선 이에게 간단히 설명하기

글을 오래 탐구할수록, 배경 지식이 많을수록, 자주 하는 실수 중 하나가 과몰입입니다. 요약·정리하면서 과도한 해석, 주관적인 생각을 첨가하는 것이지요. 그런 분에게 항상 '생각의 출처'를 물어봅니다. 그리고 웬만하면 출처를 텍스트 안에서 찾으라고 합니다. 과도한 추론과 억측, 선입견과 편견이 맞물려 의미를 왜곡하거나 창출하는 일도 많거든요. 요즘 말로 '뇌피셜'입니다. 공식적인 의견을 뜻하는 '오피셜', 작가가 말하는 '작가피셜'과 다르게, 나의 '뇌'에서 나온 주관적인 의견이라는 뜻이지요. 여기선 텍스트가 기준이니, 꼼꼼하게 챙겨야 합니다.

과몰입을 조절하는 효과적인 방법 중 하나가 낯선 사람에게 글을 설명하듯이 정리하는 것입니다. 이 글을 읽지 않은, 친하지 않은 낯선 사람에게 전달하는 것이지요. 친한 사람은 과도하게 생략하거나 넘겨짚는 때가 있는데, 낯선 사람은 거리를 두며 조심스럽게 접근하게 되거든요. '당신이 얼마만큼 아는지 모르겠으니, 내 생각을 줄이고 글의 내용을 전할게요.'라는 마음가짐을 전제로 합니다.

예를 들어, 음식점에 간다고 했을 때, 친구에게는 "그냥 따라와! 인생 맛집이야!"라며 대충 말합니다. 하지만 회사 사람들과 회식하는 자리를 선정한다면 "이 정도 거리에, 이런저런 메뉴가 있고요, 이런 평가들이 나와 있습니다, 이런 방송에 나온 적이 있네요." 라고 나름대로 근거를 들어서 이야기하지요.

이렇게 과도한 자기 경험이나 생각을 더하지 않고, 담백하게 텍스트 중심으로 정리하는 것이 좋습니다. 이미 글을 알고 있는 상태에서, 잘 요약한 글을 읽으면 정말 글 전체가 그려집니다. 요약을 잘 하면, 그 이후 생각을 확장하는 것이 수월합니다. 기반이 탄탄하니까요.

일인칭으로 글을 쓰다 주관적 생각과 내용을 분리하기 힘들 때는, 삼인칭 화법으로 바꾸는 것도 효과적인 방법입니다. '글쓴이는 ~라고 말했다', '이 책은 ~을 담고 있다'라는 화법은 좀 더 객관적인 접근을 도와줍니다. 글 자체는 조금 딱딱해질 수 있지만, 내용 정리는 명확해집니다.

한 작가님의 글을 읽고 요약하는 과제를 낸 적이 있었습니다. 한 수강생은 그 작가님의 책을 읽은 적이 있고, 작가님이 시나리오 작성에 참여한 드라마를 본 적이 있었어요. 그래서 배경 지식으로 작가의 가치관과 사상이 쌓여 있었습니다. 글을 읽자마자 작가님의 뉘앙스를 명확하게 파악하고, 핵심 메시지를 잘 뽑아냈지요. 하지만 요약은 다른 문제였습니다. 다른 분들은 그 작가님의 책을 안 읽었을 확률이 높고, 드라마까지 챙겨봤을 확률은 굉장히 낮으니까요.

이때 빛을 보는 것이, 낯선 사람에게 설명하는 방식입니다. 별도의 배경 지식이 없는 분에게 이 글을 설명한다고 생각해 보는 것이에요. 글을 안 읽은 분에게, 훼손 없이 글의 내용을 압축하여 설명해야 합니다. 그럼 접근 방식이 달라지지요.

작가님은 이런 배경으로 이런 글을 쓰셨고, 이런 전략을 활용해 이런 메시지를 전달한다는 식으로 기승전결을 살려 내용을 정리할 것입니다. 우선 이렇게 압축한 상태에서 양을 붙이거나 덜어내는 것이 효과적인 요약·정리입니다.

[코칭 이야기 3]

핵심 키워드 / 내용 요약 영역

Q. 글의 일부분이 낯설고 어려울 때?

글자 수가 정해진, 길지 않은 칼럼의 경우에는 기본적으로 다 의미 있는 글입니다. 그런 글을 읽는 과정에서 익숙하게 이해하는 부분이 있고, 낯설고 어려운 부분이 있지요. 단락이 세 개로 나누어져 있다면, 이 세 개의 단락은 유기적으로 얽혀 글을 구성합니다. 이 중에서 한 단락을 없는 것처럼 생략하면 큰 구멍이 발생해요. 나머지 60%만으로 전체 메시지를 구성하면 다행이겠지만, 겉으로 드러나는 표면적인 의미에 그치는 경우가 대부분입니다.

독자가 이해하기 쉽지 않은 부분, 작가가 조금 더 힘을 준 부분에 심층적 의미가 담긴 경우도 많습니다. 다른 부분을 단서로 삼아 추론하는 노력을 해보세요. 전체 흐름이 이어질 겁니다. 다 이해하지 못했어도 요약에 담을 수는 있습니다. 이해는 천천히 하여도 좋으니 외면하지 마세요.

Q. 글의 일부분에만 과하게 집중될 때?

이번에도 한 부분만 가져온 경우인데, 이유가 좀 다릅니다. 앞에서는 잘 몰라서 외면했다면, 이번에는 나에게 인상 깊지 않아서 생략한 경우입니다. 문학적 감상과 상상력을 자극하는 리뷰라면 환영입니다. 하지만 요약할 때는 위험할 수 있어요. 생략한 부분에서 시험 문제가 나오는 상황이 생길 수 있는 것처럼요.

하나의 현상을 설명하고 현상의 원인에 대해 A, B, C, D, E 다섯 가지를 나열하는 글이 있다고 합시다. 그중에서 독자는 A, C라는 원인에 공감하고, 나머지는 별로라고 생각합니다. 누구나 자기 생각이 있으니까요. 하지만 이것을 전체 요약에 반영하여 A와 C를 중심으로 정리한다면 글의 전체 구조가 무너집니다. 작가가 강조하는 것과 독자가 강조하는 것은 다르니까요. 요약은 담백하게 하는 것이 좋습니다.

Q. 글에 대한 다른 생각을 더하고 싶을 때?

앞에서 요약을 압축에 비유했습니다. 압축할 때 다른 첨가물은 굳이 넣을 필요가 없습니다. 그렇지 않아도 선택하고 집중하기 힘든데, 다른 내용을 첨가하면 자리만 줄어드니까요.

글을 정리하는 과정에서 텍스트 외적인 배경 지식이나 추가 자료를 활용하기도 합니다. 이것도 독자의 이해를 돕기 위함이지, 한정된 요약에 담는 것은 다른 문제입니다.

글의 이해를 돕기 위해 새로운 예시를 덧붙인다거나, 나만의 비유를 적용하는 경우, 기존 텍스트의 이해를 방해할 수도 있으니 주의해야 합니다. 세부적으로 분석하고 토론하는 과정에서 오해와 충돌, 왜곡과 모순이 나타날 수 있어요. 요약과 정리는 텍스트를 중심으로 하는 것이 탄탄합니다.

01 글의 목적과 구성 파악하기

결에 따라 다르게 읽기 | 문학, 이야기를 읽는 법 | 비문학, 정보와 주장을 읽는 법 | 실용서와 자기계발서 읽는 법

02 글의 구조 파악하기

글을 짓는 틀, 두괄식과 미괄식 | 주제 · 조직 구조 | 주장 · 근거 구조 | 문제 · 해결 구조 | 비교 · 대조 구조 | 시간 · 순서 구조 | 원인 · 결과 구조

03 글의 전략 파악하기

경험: 직접 겪은 것 | 예시: 예를 들어 설명하는 것 | 인용과 비유: 빌려 쓰는 것 | 통계: 숫자가 주는 신뢰

[코칭 이야기 4] 글의 구조 / 전략 영역

제4장

글의 구조, 숲과 나무 함께 보기

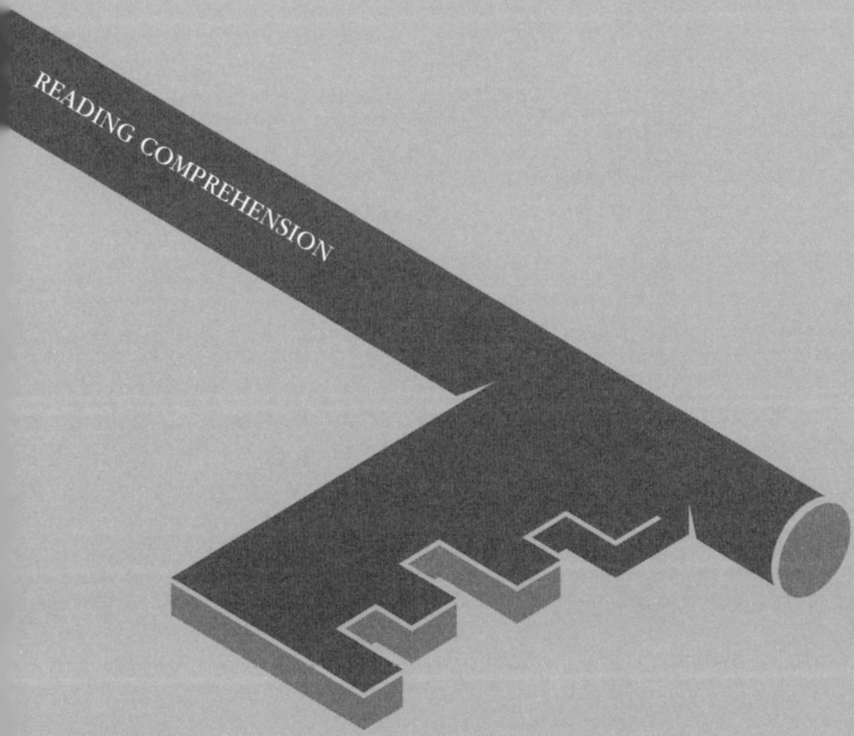

글의 구조, 숲과 나무 함께 보기

READING COMPREHENSION

목적을 이해하고, 그에 맞는 분류와
자주 활용하는 구조를 이해하면 큰 그림이 쉽게 그려집니다.

01 READING COMPREHENSION

글의 목적과 구성 파악하기

결에 따라 다르게 읽기

많은 사람이 '어떤' 메시지인지, 내용 자체에 집중합니다. 하지만 메시지를 '어떻게' 전달하는지도 중요한 요소입니다. 글쓴이가 메시지를 효과적으로 전달하기 위해 의도를 담은 것이니까요. 역으로 독자가 이 구조를 파악하면 글을 이해하는 데 큰 도움이 됩니다.

같은 메시지도 다양한 구조에 담길 수 있습니다. 내용과 형식의 유기적 관계는 글의 목적을 바탕으로 하는 경우가 많습니다. 글의 목적을 달성하는데 효과적인 전달 방식을 찾은 결과물이니까요. 그래서 목적을 이해하고, 그에 맞는 분류와 자주 활용하는 구조를 이해하면 큰 그림이 쉽게 그려집니다.

이 구조는 장르라는 이름으로 어느 정도 구분합니다. 대표적으로 문학은 시, 소설, 희곡, 에세이를 이야기합니다. 비문학은 문학이 아닌, 정보 전달을 목적으로 하는 장르의 글입니다. 대표적으로 수학/과학, 역사/인물, 육아/교육, 인문/교양, 경제/경영, 실용서 등으로 분류해요.

분류의 주목적은 공급자와 소비자의 접근성을 높이는 것입니다. 그래서 소비자들이 많이 찾는 장르는 새롭게 생기기도 해요. 최근에 인기 많은 자기계발/재테크 분야는 이전에 없던 카테고리입니다. 소비자의 니즈가 명확해지면서 분류가 점점 세분하고 있지요. 이런 작품의 결에 따라 다르게 읽어야 효과적입니다.

문학, 이야기를 읽는 법

수강생에게 문학을 읽는 이유를 자주 물어봅니다. 가장 많이 나오는 것은, '주인공의 삶을 통해 다른 인생을 경험해볼 수 있다'라는 대답이었습니다. 그 외에, '인생의 깨달음을 얻을 수 있다', '재미와 감동을 얻는다', '자존감도 높아지고 정서적 치유가 된다' 등이었지요.

문학은 기본적으로 허구입니다. 이 허구를 통해서 우리의 문학적 상상력을 자극합니다. 또 이 열린 구성을 통해 마음속 감동, 카타르시스를 끌어냅니다. 그래서 독자의 능동적 역할을 기대합니다. 독자의 경험, 생각이 어우러진 반응이 작품을 완성하는 데 큰 역할을 하지요.

이럴 때 중요한 것은 공감 능력입니다.

"내가 ○○○이라면 어떻게 했을까?"

질문을 자주 던져야 합니다. 인물에 감정 이입하며, 함께 울고 웃고 고민하는 자세가 필요하지요.

"내가 ○○○ 시대를 살고 있다면?"

작품의 배경과 사건에 몰입하여 머리를 맞대고 문제를 해결할 수 있도록 힘도 보태야 합니다. 이럴 때 작품 세계관에 몰입하며 재미와 감동을 적극적으로 느낄 수 있습니다. 작품 내적으로, 문학의 특징을 알면 더 많은 것을 얻을 수 있습니다.

학창 시절을 떠올려 보세요. 이야기의 3요소는 문체, 구성, 주제입니다. 그리고 구성의 3요소는 인물, 사건, 배경입니다. 너무 딱딱한 것 같지만, 구조를 파악하는 데 큰 도움을 받을 수 있습니다.

소설은 한 주제를 매력적으로 구성하고 특별한 문체로 표현하여 독자에게 재미와 감동을 주는 이야기입니다. 매력적인 구성을 위하여 인물은 특정 배경 속에서, 어떤 사건을 겪는 것입니다.

우선 문체부터 보겠습니다. 같은 노래도 부르는 가수에 따라 음색이 다르죠. 음도 다르고 바이브레이션도 다르고, 묘하게 다르게 부릅니다. 같은 이야기도 문체에 따라 다르게 느껴질 수 있어요. 시처럼 부드러운 문장을 쓰는 분, 짧게 끊어지는 심플한 문장을 쓰는 분, 고품격 한자어를 통해 묵직하게 메시지를 전달하는 분, 문장마다 유머를 섞어서 가볍게 표현하는 분 등등. '책 속의 한 줄'과 같은 콘텐츠에서 아름다운 문장을 만나고, 바로 책을 찾아서 읽기도 합니다. 필사하거나 소리 내 문장을 낭독하면 문체의 맛을 더욱 잘 느낄 수 있습니다.

세계문학 같은 경우 저작권이 풀리면, 여러 출판사에서 새로운 번역으로 작품을 출간합니다. 기본 줄거리는 같은데 번역자의 문체에 따라 느낌이 다르지요. 출판사별 세계문학 첫 문장을 비교하는 콘텐츠도 많아요. 알베르 까뮈의《이방인》은 뜨거운 번역 논쟁이 있었는데요. 같은 내용도 문체에 따라 정말 다르다는 것을 느낄 수 있습니다.

매력적인 캐릭터는 정말 강력하지요. 인물의 이름만 들어도, 어떤 성격일지, 어떤 말투일지 그려집니다. 캐릭터 소설이라고도 불리는, 강력한 주인공은 작품의 간판입니다.《위대한 개츠비》,《그리스인 조르바》,《마담 보바리》,《안나 카레니나》등등. 특히 조르바는 자유인의 상징입니다. 드라마나 영화에서 인물의 별명으로 많이 활용하는데, 그 별명만으로 어떤 캐릭터일지 다 설명이 됩니다.

이런 캐릭터를 설명하는 것은 결국 그 인물의 말과 행동입니다. 기본 구성에서 어떤 삶을 살아왔고, 어떤 방식으로 세상을 살아가는지 설명합니다. 하지만 이 말과 행동이 기존의 설정과 맞지 않으면 캐릭터 붕괴라고 지적받아요. 사건 진행의 개연성도 무너지죠. 좋아하는 캐릭터가 있다면 그 캐릭터의 말과 행동에만 다 밑줄을 그어 보세요. 직캠을 찍는 마음으로 다가가면 캐릭터의 매력에 흠뻑 빠질 수 있습니다.

이야기 속 인물은 어떤 사건에 부딪힙니다. 특정 사건을 통해서 성격이 변하고 성장하는 입체적 인물이 인기가 많지요. 하지만 사건이 너무 작위적이거나 뜬금없으면 개연성이 없다고 지적받습니다. 또 사건이 매력적이지 않으면 독자는 지루함을 느끼지요. 흥미로운 사건을 적재적소에 배치하는 것이 능력입니다.

사건은 특정 배경이 있어서 가능하죠. 스마트폰이 나오고 나서 작가는 이야기를 쓰기 힘들어졌다고 합니다. 스마트폰으로 손쉽게 문제를 해결할 수 없는 상황을 또 만들어야 하기 때문입니다. 과거를 배경으로 한 작품을 쓸 때는, 역사 공부를 필수로 합니다. 미래 이야기는 과학 공부를 함께 하기도 해요. 자주 나오는 배경으로는 조선 시대, 군사독재, 홀로코스트, 냉전 시대, 미래 로봇 시대 등이 있어요.

인물이 특정 배경에서 사건을 겪으며 살아가는 이야기는 작품의 주제 의식이 담겨 있습니다. 선명한 주제 의식, 모호한 주제 의식, 열린 주제 의식 등으로 나뉠 수 있지만 독자가 느낄 수 있는 여지는 남겨 둡니다. 지금까지 다룬 내용을 바탕으로 〈흥부전〉을 볼게요.

주인공은 흥부와 놀부입니다. 두 인물은 조선 후기를 배경으로 재산과 관련한 여러 사건을 겪습니다. 흥부와 놀부의 재산 문제는 조선 후기라는 역사적 배경이 바탕이 되어야 성립합니다. 현대로 오면 법정 드라마가 되었을 거예요.

우리가 '흥부는 착하고, 놀부는 나쁘다'라고 인물을 판단할 수 있는 근거는 특정 사건 속에서 드러난 인물의 대사와 행동입니다. 다리 다친 제비를 만났을 때, 치료해준 행동이 흥부의 성격을 나타내고, 이미 부자이면서 동생을 내쫓고 제비 다리를 부러뜨린 행동은 놀부의 성격을 나타냅니다.

제비 다리 사건을 통해 박씨를 얻게 되고, 또 다른 사건이 생깁니다. 흥부의 박씨에서는 금은보화가 놀부의 박씨에서는 나쁜 것들이 들어 있었지요. 이러한 사건의 결말과 구성을 통해서 '권선징악'이라는 작품의 주제 의식을 드러냅니다. 같은 이야기라도 판본마다 다른 문체로 옮기면 다른 매력을 느끼곤 합니다. 번역하는 사람마다 작품의 맛이 다르기도 하니까요.

문학 작품을 읽을 때 주관적인 느낌, 인상적 평가에 그치지 않고 체계적으로 살펴보고 싶을 때 이런 틀을 활용하면 좋습니다. 시간/공간적 배경 묘사는 잘 되었는가? 작품에 어떤 영향을 미치는가? 인물의 대사와 행동이 성격을 반영하는가? 사건이 너무 작위적이지 않은가? 작가가 하고 싶은 말이 무엇일까? 주제 의식이 잘 담겨 있는가? 문체는 읽기 적당한가?

> 작품 해석의 개방성과 다양성을 보장한다고 하더라도, 해석에는 최소한의 합리적 타당성은 있어야 하므로 지나치게 기이한 해석은 경계하도록 한다. _2015 개정 국어과 교육과정 '문학'

앞에서 이야기했듯이 문학은 독자의 능동적 반응을 중시하고, 감상의 자유가 큰 작품입니다.《흥부전》을 읽고 권선징악보다 흥부의 경제 관념을 지적하는 분이 있어요. 아이들은 제비가 불쌍하다고 더 큰 목소리를 냅니다. 놀부의 부인 시각에서 새롭게 써 내려간 소설도 있지요. 이 모든 것을 인정하지만, 우선 작가가 무슨 말을 하고 싶어 하는지 이해한 후에 꺼내도 늦지 않습니다.

비문학, 정보와 주장을 읽는 법

문학과 다르다고 하여 비-문학이라고 합니다. 지금 서점에 가면 '시·소설·희곡·에세이' 빼고는 다 비문학이 되는 셈이지요. 수강생에게 비문학을 읽는 이유에 관해 물어보면 다양한 답변이 돌아옵니다. '필요한 지식을 얻기 위해서', '똑똑해지려고', '교양을 쌓으려고', '새로운 지식을 아는 것이 재미있어서' 등등.

문학을 읽을 때와 목적이 다름을 확실하게 알 수 있습니다. 무엇인가를 얻고 싶어 합니다. 문학에서 독자의 능동적인 반응과 자유를 중시했다면, 비문학에서는 작가와 텍스트의 권위가 더 세다고 할 수 있어요. 내가 갖지 못한 것을 상대방은 가지고 있고, 그것을 얻는 과정입니다. 그래서 목적이 명확할수록 책을 고르기 쉽고, 만족도가 높습니다. 그러므로 비문학에서는 '작가'에 대해 좀 더 자세히 살펴보아야 합니다. 다루는 주제에 대한 권위를 가졌는지, 언행일치하고 있는지, 어떤 삶을 살고 있는지 등이 신뢰도를 정하기도 해요.

지식 중심으로 읽을 때 K.W.L 전략을 활용합니다. 내가 알고 있는 것(Know), 내가 알고 싶은 것(Want to know), 알게 된 것(Learned)을 나누어서 보는 것이에요. 포인트는 목적 달성, 문제 해결의 관점입니다. 내가 알고 싶은 것을 알 수 있는가, 이런 부분이 충족했다면 성공적인 독서 경험을 갖는 것이지요. 그래서 비문학은 독자의 니즈가 명확할수록 효과적인 독서가 가능합니다. 여러분도 비문학 책을 고를 때는, 나의 독서수준을 바탕으로 원하는 목적을 분명히 하고, 목차를 통해 확인하는 것이 좋습니다.

텍스트를 중심으로 보면, 굉장히 넓은 영역이지만 크게 설명하는 글과 주장하는 글로 나눌 수 있어요. 중요하다고 생각하는 내용을 설명하고, 이해시키기 위하여 사례를 가지고 오거나, 비유를 활용하기도 합니다. 또한, 글쓴이의 생각을 주장하기 위한 글에서는 타당한 근거를 대며 독자를 설득하기 위하여 노력하지요. 권위

있는 사람의 말을 인용하기도 하고, 과학적 데이터를 준비하기도 합니다. 다양한 전략을 구사하며 전하고자 하는 목표를 이루기 위하여 사용합니다. 주장과 설명은 구분 짓기 모호한 면이 있지만, 소설과는 분명한 차이가 있습니다.

지식과 정보를 전달하는 책에서 중요한 것은 그 정보의 질입니다. 쉽고 재미있게 전달하는 것이 요즘 추세지만 그렇다고 핵심 정보를 왜곡해서 전달한다면 본질을 놓칠 위험이 있습니다. 작가도 사람인지라 절대적인 지식, 진리만을 전달할 수는 없습니다. 독자도 이를 검토할 수 있도록 노력해야 합니다.

실제로 뇌과학 관련 건강을 다룬 베스트셀러가 있었습니다. 파격적이고 명쾌한 내용으로 인기를 얻었는데, 많은 과학자가 오류를 지적했어요. 뇌와 뉴런에 관한 이야기, 뇌에 좋은 식단 추천 등은 기존 과학계 정설과도 맞지 않고 건강에 오히려 위험할 수 있다는 분석도 나왔습니다.

중요한 것은 일반 독자가 정보의 질을 가리기 어렵다는 점입니다. 그래서 꾸준히 의심하고, 다른 내용과 비교하며 비판적 읽기를 해야 합니다. 같은 계열의 다른 책을 비교하며 읽는 것도 큰 도움이 됩니다. 최신 도서를 통해서 계속 배경 지식을 업데이트할 필요가 있지요. 시간에 따라 정보의 진위가 달라지는 일도 있으니까요.

강력한 메시지를 주장하는 책에서 중요한 것은 주장의 타당성입니다. 메시지를 강조하기 위해서 다양한 근거를 활용합니다. 개인적인 경험이나 사회적 트렌드, 과학적 통계 등등 여러 가지 근거가 적절한지 판단할 필요가 있어요.

유사 과학이라는 말이 있어요. 과학적이지 않은데, 과학적인 것처럼 포장하는 것을 이야기합니다. 사이비 과학, 음모론이라고 부르기까지 해요. 대표적으로 물에 긍정적인 말을 하면 얼음 입자가 예쁘게 얼고, 물에 부정적인 말을 하면 입자가 삐죽삐죽하게 못생겨진다는 것입니다. 이런 유사 과학 사례를 통해서 주장하고 싶은 바는 결국 '긍정적인 말을 해라'입니다.

만약 소설이었으면 주인공 A가 시련을 겪고, 긍정적인 언어 습관으로 문제를 해결하자 인생이 달라졌다는 식으로 풀어나갈 것입니다. 우리는 이를 보고 '나도 긍정적인 언어 습관을 지녀야지'라는 주제 의식을 전달받을 수 있습니다. 하지만 비문학이기 때문에 다른 방식으로 독자를 설득하는 것이지요. 하지만 이런 타당하지 않은 근거는 주장의 힘을 떨어뜨립니다.

독자가 스스로 판단하기 힘들 때, 서로 다른 주장을 하는 책들끼리 링 위에 올리는 방법이 있습니다. 장하준의《그들이 말하지 않은 23가지》vs 송원근의《장하준이 말하지 않은 23가지》, 마이클 샌델의《정의란 무엇인가》vs 이한의《정의란 무엇인가는 틀렸다》처럼 대놓고 저격하는 책도 있어요. 그 외에 서로 다른 주장을 하는 책을 모두 읽고 심사위원의 관점으로 판단하는 겁니다. 실제로 학회 세미나에서는 발표자와 함께 토론자를 섭외하는 경우가 많습니다. 발표가 끝난 후, 날카로운 질문으로 내용을 점검하는 역할이에요. 균형 잡힌 시각을 기르는 데 도움이 됩니다.

실용서와 자기계발서 읽는 법

같은 비문학 내에서도 실용서와 자기계발서를 분리했습니다. 이유는 책 자체보다 독자에 좀 더 초점을 두고 싶었어요. 독자에게 실용적인 도움이 되었다면, 어느 책이든 실용서가 될 수 있습니다. 동기유발이 되고 자기계발이 되었다면 자기계발서가 될 수도 있지요.

'자유롭고 행복한 삶을 위한 아들러의 가르침'이란 부제가 있는 《미움받을 용기》로 독서 모임을 했습니다. 그때 한 분이 "저는 이런 자기계발서 처음 읽는데~"라고 운을 떼셨어요. 그러자 다른 분이 "이 책 심리학책 아닌가요? 아들러에 대해 알게 되어 좋았는데."라고 반응하셨습니다. 다른 분은 모임 중간에 "저, 이 책 읽고 직장 생활에 대한 해답이 좀 보였어요. 이제 No라고 거절도 하며 일해야겠어요."라는 말을 해주셨어요.

이 책을 문학으로 분류하는 사람은 없지만, 비문학 내에서 다양한 결로 나뉘었습니다. 서점 카테고리 영역도 다 같지 않았어요. 아들러 심리학이라는 정보를 전달해 주기도 하고, 자유롭게 살자는 메시지를 강력하게 전하기도 합니다. 직장 생활 속 대화법이라는 실용적인 문제 해결을 도와주기도 했으니 다 적절한 분류입니다.

실용서는 현재 생활에 직접적인 도움이 되는 책입니다. 여기서 전제는 '지금 나에게 필요한 문제'가 무엇인지 명확히 알고 있어야 한다는 것입니다. 다음 주에 면접을 봐야 하는데, 도움을 얻고 싶어서 면접 관련 책을 읽어요. 곧 연봉 협상을 해야 하는데, 효과적으로 협상하는 방법을 알고 싶어요. 육아하는데, 필요한 정보를 얻고 싶어요. 등등

저 또한 처음 면접을 준비할 때, 아무것도 몰라서 면접 관련 도서를 읽고 도움을 얻었습니다. 또 새로운 업무를 맡을 때마다 실용서를 찾아 읽고 바로 활용했어요. 최근에도 '사업계획서 쓰는 법'이란 명확한 키워드로 책을 찾아 읽고 도움을 얻었습니다.

독자가 생활에 활용할 수 있는 부분이 많을수록 실용서는 만족도가 올라갑니다. 그런 의미에서 독자의 눈높이와 잘 맞는 책을 고르고, 그 이후에는 꼭 실천해야 합니다. 다이어트 책 100권을 읽어도, 책에 나온 식단대로 먹지 않고, 운동도 하지 않으면 의미가 없습니다. 아주 작은 것 하나라도 실천한다는 마음으로, 삶에 적용한다는 마음으로 실용서를 읽는 게 좋아요.

자기계발서도 같은 맥락입니다. 폭이 넓은 개념이지만, 누군가의 성공담으로 한정해서 이야기를 나눌게요. 호불호가 심한 장르이기도 하지만, 꾸준히 인기를 얻고 있는 이유가 있어요. 구성이 조금 어설프기도 하고, 근거가 명확하지 않기도 해요. 하지만 분명한 메시지 전달과 함께 동기유발이 잘 되도록 이끕니다.

앞에서 배운 소설적 구성으로 '주인공 A가 회사에 들어가 열심히 일해서 성공하는 이야기'에서 사람들은 재미를 느낄 수 있습니다. 잘 구성된 이야기 속 캐릭터 A의 매력에 빠질 수 있어요. '열심히 살자! 노력은 배신하지 않는다!'라는 주제 의식을 느낀 사람도 있을 겁니다. 하지만 주변 요소가 많고, 맥락을 통해 모호하게 전달하기 때문에 메시지를 희미하게 느끼는 사람도 많을 거예요.

자기계발서는 전혀 다른 방식으로 메시지를 전달합니다. 성공한 A가 당신에게 말합니다.

"열심히 사세요! 노력하세요! 노력 안 하면 굶어 죽습니다!"

"저는 이런 방법으로 성공했습니다. 여러분도 한번 해보세요. 인생이 달라질 겁니다."

강력한 주제를 심플하게 전달합니다. 통계적으로 보았을 때, 학문적으로 보았을 때, 그 방법이 좋다는 근거가 부족할 수 있어요. 하지만 사람의 마음을 움직이는 강력한 힘이 있다면, 독자가 그 방법을 시도하면 성공입니다.

장르마다 다른 비문학 읽기 포인트를 이야기했습니다. 이 부분을 묶어서 '사실', '의견', '적용' 세 가지 키워드로 정리하겠습니다.

사실

새롭게 알게 된 지식이 있는지, 주어진 정보와 설명이 믿을만한지 확인합니다.

의견

작가가 하고 싶은 말은 무엇인지, 작가의 생각과 주장은 합리적인지 확인합니다.

적용

내 생각에 어떤 영향을 주었는지, 내가 삶에 적용하고 실천할 수 있는 것은 무엇인지 확인합니다.

이 3가지만 기억하면 알맹이 있는 비문학 독서를 할 수 있습니다.

02 READING COMPREHENSION

글의 구조 파악하기

글을 짓는 틀, 두괄식과 미괄식

글을 집에 비유하곤 합니다. 글쓰기는 집을 짓는 과정과 같아 글 짓기라고 부르기도 합니다. 집을 지을 때 큰 기둥을 세우고 전체 틀을 구성한 다음에 세부적인 작업을 합니다. 글쓰기도 마찬가지예요. 처음에 구조적인 틀을 짜고 시작합니다. 내용도 중요하지만 어떤 틀에 담아서 전달할지가 중요하니까요.

시간 순서대로 나열할지, 원인과 결과의 과정으로 구성할지, 두 대상을 비교해서 체계적으로 설명할지, 문제점을 밝히고 해결책을 모색할지 등등. 독자로서도 마찬가지입니다. 글을 이해하는데이 구조를 찾으면 글쓴이의 의도를 파악하고, 다음 내용을 예측하는데 큰 도움이 됩니다. 그런 의미에서 글의 구조를 그림으로 표현한 그래픽 조직자를 활용해 살펴보겠습니다.★

대표적인 글의 구조는 두괄식과 미괄식이 있습니다.

한 문단이 한 주제를 다루는 중심 문장과 뒷받침 문장의 조화라고 보았을 때, 중심 문장을 어디에 두느냐의 차이입니다. 중심 문장에 밑줄을 긋는다고 했을 때, 그 위치가 확연히 차이가 납니다. 그래서 구조를 이해하면 어디에 집중해야 할지 파악할 수 있어요. 요즘은 인내심(?)이 부족한 독자를 위해 두괄식이 인기를 얻고 있습니다. 하지만 심오한 글은 그 중심 메시지를 뒷부분에 감추어 두기도 합니다.

두괄식 문단의 두괄은 머리 두(頭), 묶을 괄(括) 자를 써서 머리에 묶어둔다는 의미입니다. 즉, 중심 문장을 문단의 맨 앞에 두는 방식이에요. 직접 메시지를 전달하기 좋은 방법입니다. 독자도 쉽게 이해할 수 있어서 바쁜 현대인들이 말하기/글쓰기에서 좋아하는 구성이에요. 독자 관점에서 내용 파악하기에 좋은 친절한 글입니다. 대신 앞에만 집중해서 읽고 뒤에는 대충 읽다가, '비판적 읽기'에서 고생할 수도 있습니다.

세상에는 다양한 종류의 장미가 있습니다. 어제 빨간 장미를 보았

★ 논문 참고: 〈그래픽 조직자를 활용한 NIE 연구〉김승연, 2015

고, 그저께 하얀 장미를 보았습니다. 동물원에서는 노란 장미를 전시하기도 했어요. 외국에선 장미박람회도 열렸다고 합니다.

미괄식 문단의 미괄은 꼬리 미(尾), 묶을 괄(括) 자를 써서 꼬리에 묶어둔다는 의미입니다. 즉, 중심 문장을 문단의 맨 뒤에 두는 방식이에요. 차근차근 이해 및 설득의 과정을 거치며 뒷부분에 있는 중심 메시지를 강조하기 좋은 방법입니다. 기승전결을 통해 긴장감을 유지하며, 극적인 효과를 주는 데 유용합니다. 독자는 앞부분에서 방심했다가 뒷부분의 중심을 놓칠 위험이 있으니 긴장감을 유지해야 합니다.

어제 가족들과 동물원에 갔는데, 노란 장미를 보았습니다. 세상에는 빨간 장미만 있는 줄 알았는데 말이에요. 심지어 안쪽에는 장미정원이란 곳도 있었어요. 하얀 장미, 파란 장미, 검은 장미 등등 아름다웠어요. 세상에는 정말 다양한 종류의 장미가 있어요!

주제·조직 구조

이 구조는 주제를 중심으로 이루어집니다. 그래서 메인 주제를 찾는 것이 포인트이고, 그 후에 주제를 어떻게 설명하고 전달하는지 차근차근 파악하는 것이 좋습니다.

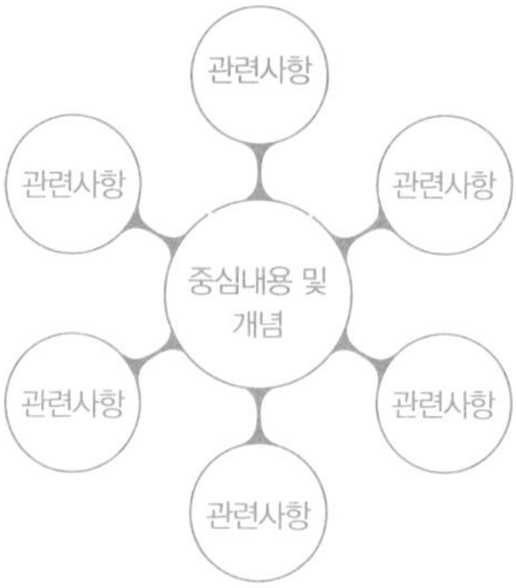

〈그림 1. 주제 구조〉

〈그림 1〉은 관련 사항이 자유로운 형태로 흩어져 있어요. 각 영역이 대등한 느낌입니다. 지구에 관해서 설명한다면, 지구의 외형, 지구의 역사, 지구의 위기 등 관련된 내용을 편하게 나열하지요. 이는 모두 '지구'라는 대주제의 하위 영역입니다. 1차원적인 마인드맵, 생각 그물을 생각하면 됩니다. 자유롭게 나열하는 방식이기 때문에 순서 상관없이 독립적으로 정리할 수 있습니다.

〈그림 2〉는 관련 사항을 체계적으로 정리한 형태입니다. 인사 조직도 느낌이 나죠? 대표님이 있고, 그 아래에 팀장님이 있고, 그 아래 팀원들이 있는 것처럼 범주가 분명합니다. 지구의 오염이 중심 내용이라면 하위 내용으로 ①대기 오염, ②수질 오염, ③토양

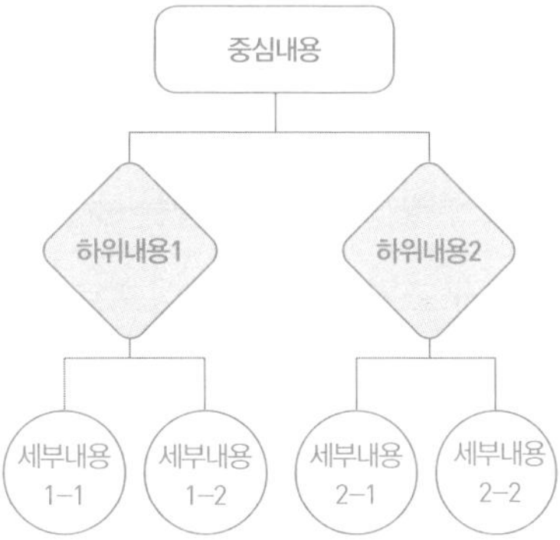

〈그림 2. 조직 구조〉

오염 등으로 나뉘고 그 안에서 ①-1 대기 오염 현상. ①-2 대기 오염의 원인, ①-3 대기 오염 해결 방안 등으로 또 나뉘는 식입니다. 이런 글은 구조를 파악하면 독해(讀解)가 훨씬 쉽습니다.

체계가 잡힌 글일수록 표지어를 확인할 필요가 있어요. 자주 쓰는 것이 첫째, 둘째, 셋째… 입니다. 읽다 보면 첫째를 확인하고, 바로 셋째로 넘어가는 경우가 있어요. 그럴 때는 둘째를 찾아야 합니다. '우선', '다음으로', '마지막으로' 이런 식으로 다르게 말할 때도 있으니 정신 바짝 차려야 합니다. '예를 들면', '정리하면'과 같은 말이 나오면 그 뒤의 내용도 예측 가능합니다. 그 외에도 '원인은', '문제점은' 등의 카테고리 표지어는 문단의 전체 방향성을 나타냅니다.

주장·근거 구조

이 구조는 글쓴이의 주장, 논의점과 이를 뒷받침하는 근거로 이루어집니다. 주제·조직 구조가 주제를 중심으로 한 나열과 정리에 초점을 두었다면, 주장과 근거는 뚜렷한 목적 관계로 형성됩니다. 예시, 통계, 사례 등등 여러 전략으로 나타나는 근거는 주장을 뒷받침하지 못하면 존재의 의미가 없어집니다. 그래서 타당한 근거인지, 논리적인 전개인지 점검하고, 일관된 주장인지 확인해야 합니다.

예를 들어, 현재 많은 학교에서 학생들의 스마트폰 사용을 금지하고 있는 상황인데, 학생들이 스마트폰을 자유롭게 사용할 수 있도록 허가해야 한다는 주장을 펼친다고 합시다. 이런 글쓴이의 주장이 나왔을 때, 독자는 '왜? 어떤 이유로? 무슨 근거지?'와 같은 의문을 가져야 합니다. 그리고 뒤에 나오는 이런저런 이야기 속에서, 포인트를 잘 찾아야 합니다.

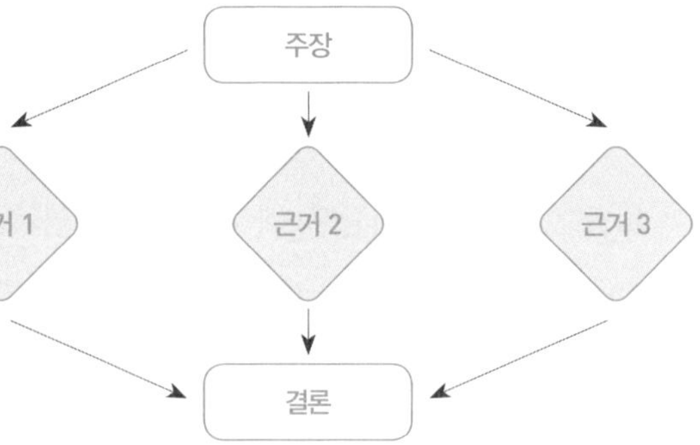

〈그림 3. 주장 근거 구조〉

'학생들이 자유를 침해받는다, 공부하는 데 더 도움이 될 수 있다, 스스로 조절하는 연습을 해야 한다' 등의 이유가 나올 것입니다. 이렇게 깔끔하게 나오면 쉽게 찾을 수 있겠지만, 그렇지 않은 경우가 많습니다. 예를 든다거나, 설문 조사 결과를 가져온다거나, 전문가의 의견을 가져오는 등 다양한 전략 속에 묻혀 있으므로 대충 읽다 보면 놓칠 수 있어요.

그래서 전체 구조를 생각하며 주요 근거 1, 2, 3을 미리 찾고 나머지 부가 요소들을 분리합니다. 그리고 이 부가 요소들이 어떤 역할을 하는지는 따로 점검해야 합니다. 근거가 충분한지, 타당한 내용인지, 믿을 만한 자료인지 확인하여 비판적 읽기까지 나아가면 좋습니다.

문제·해결 구조

이 구조는 문제를 제기하고 해결책을 제안하는 식으로 이루어집니다. 과거의 상황을 다루는 경우, 문제-해결-결과의 과정을 통해 지혜를 얻는 식이에요. 현재 상황을 다룰 때는, 지금 표출된 문제점과 그 해결 방안, 우리의 실천 촉구로 그치는 경우가 많습니다. 예상 결과, 기대 효과를 제시하는 글도 있는데, 조심스러운 부분이죠. 이러한 글에서는 합리적 대안인지, 실천 가능한 대안인지

〈그림 4. 문제 해결 구조〉

판단하며 읽으면 좋습니다.

시작은 문제점을 찾는 것입니다. 작가는 우리 사회 속에 일어나는 수많은 일에서 이 문제를 다루어야 하는 이유, 정당성을 확보하기 위해 노력합니다. 읽는 사람이 '이거 진짜 문제네, 빨리 해결해야겠네!'라는 생각이 들도록 다양한 전략을 사용합니다. 그것을 잘 찾아서 명확하게 문제를 파악해야 해결 방안을 구체적으로 연결 지을 수 있어요.

문제의 중요성을 이해한 후 어떻게 해결하면 좋을지 고민할 것입니다. 역사에서 근거를 찾을 수 있고, 다른 나라의 성공 사례를 가져올 수도 있어요. 이미 결과가 나온 역사적 사례를 분석한다면, 그 사례가 적절한지 판단하며 읽어야 하고요. 우리 주변의 성공 사례와 결과를 가져온다면, 실제로 비교 가능한지, 적용 가능한지 판단하며 읽어야 합니다. 현재 문제에 관한 것은 실현 가능성, 실패 가능성, 얻는 것과 잃는 것을 잘 분석해야 합니다.

방재홍의 칼럼 〈'부끄러운 문해력' 향상하는 가장 빠른 길〉을 바탕으로 살펴보겠습니다.

지금 사람들의 문해력이 부족한 상황을 하나의 [문제점]으로 삼고 있습니다. 문해력 관련 방송 프로그램, 일상 속 문해력 부족 이슈들, 문해력 테스트 결과를 언급합니다. 그리고 문해력이 낮으면 받을 수 있는 피해를 통해 중요한 사항임을 강조합니다.

문제에 대한 [해결 방안]으로 독서를 이야기합니다. 하지만 많은 사람이 책을 멀리하니, 현실적인 대안으로 생활 속에서 하루 15분이라도 글을 읽자고 권합니다. 실현 가능한 대안을 제시합니다.

마지막 [예상 결과, 기대 효과]로 어느 순간 외국어가 트이듯 읽기의 즐거움을 알게 될 것이라 말합니다. 이어서 더 많은 사람이 자신만의 책의 의미를 일상 속에서 누릴 수 있기를 바란다고 하며 마무리 짓습니다.

비교 · 대조 구조

이 구조는 비교-대조, 내용 간의 유사점이나 차이점으로 이루어집니다. 특정 대상의 특징을 단순하게 비교 분석하거나 더 좋은 선택을 위해 후보들을 경쟁시키는 도구로 활용하는데 주로 쓰입니다. 이런 글은 표를 활용해 내용을 정리하면 이해에 큰 도움이 됩니다. 겉으로는 객관적인 비교 분석 내용인 척 하지만 그 안에서 더 강조하는 대상이 있을 수 있습니다. 공정한 비교와 대조인지 확인하는 것이 중요합니다.

〈그림 5〉의 두 대상을 비교하는 표에서는 어떤 항목을 비교하는지가 중요합니다. 모든 점을 다 분석할 수 없으므로 특정 카테고리를 정하는 경우가 많은데, 그 카테고리 자체도 작가가 선정합니다. 항목 선정은 적절했는지, 그 항목에 맞게 비교했는지 파악하며 글을 읽어 나갑니다.

대상 / 항목	대상 1	대상 2
항목 1		
항목 2		
항목 3		

〈그림 5. 비교 대조 구조〉

A 국가와 B 국가의 코로나 방역 정책을 비교한다고 했을 때, 확진자 수를 비교할 것인지, 치사율(사망자 수)을 비교할 것인지, 국민의 정신적 피로도를 비교할 것인지, 경제 피해 및 활성화 정도를 비교할 것인지에 따라 다른 결과가 나올 것입니다.

〈그림 6〉은 쉽게 공통점과 차이점을 생각하면 됩니다. 항목은

간단하니 선정에 크게 신경 쓸 필요는 없고 분류만 잘하면 됩니다. '공통으로', '비슷하게', '반면에', '이와 다르게' 등과 같은 표지어도 자주 볼 수 있으니 예측 가능합니다. 비판적 읽기로 나아가면, 공통점과 차이점으로 나누는 기준에 주관적 해석이 개입될 수 있으니 주의해야 합니다. 애매한 것들은 작가의 의도에 따라 왔다 갔다 할 수도 있어요. 그때부터는 '이게 공통점이 맞나? 과잉 해석 아닌가?'와 같은 의문을 가지면 좋습니다.

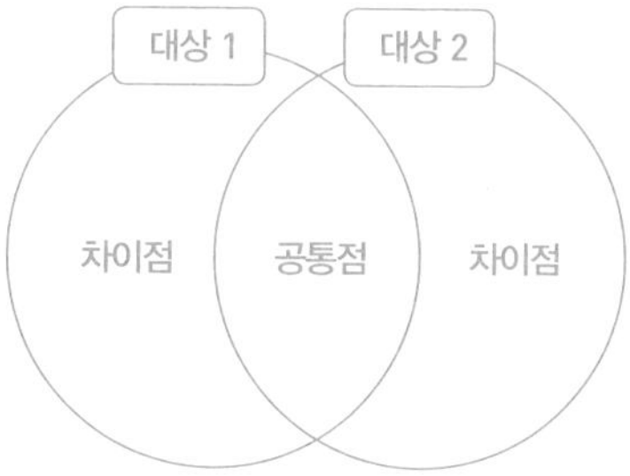

〈그림 6. 비교 대조 구조〉

시간 · 순서 구조

이 구조는 사건이 진행된 시간을 중심으로 이루어집니다. 그래서 내용이 전개되는 순서를 잘 확인하는 것이 중요합니다. 시간을 나타내는 표지에 주목할 필요가 있어요. 오늘, 이튿날, 그 후에 등등. 상황이 일어나는 과정을 머릿속에서 그려 가며 읽으면 좋습니다. 간혹 순서를 뒤섞는 경우가 있는데, 그 의도를 파악하며 재정리하는 것이 중요해요.

최근 브랜드의 역사에 관한 책을 읽었는데요. 브랜드의 성장 과정을 단계적으로 나타냅니다. 초창기에는 A라는 상품을 팔았다가, 인기가 없어서 B라는 상품을 팝니다. 그러다 전쟁이 나고 B라는 상품이 큰 인기를 얻어서 대박이 납니다. 하지만 비슷한 상품들이 많아지면서 경쟁력이 약해지고 B+라는 혁신적인 업그레이드를 통해 지속적으로 사랑을 받아요. 그렇게 우리가 아는 지금의 브랜드가 되었다는 것입니다. 굵직굵직한 사건을 바탕으로 순서대로 전개되지요.

인물을 다룬 글에서는 연령대를 바탕으로 전개되기도 합니다. 태어났을 때, 초등학교에 입학했을 때, 청소년기에 꿈을 키울 때, 성인이 되어 사회에 나갔을 때, 결혼하고 자녀를 가졌을 때…. 이런 식으로 시기에 따른 변화를 잘 확인할 수도 있지요.

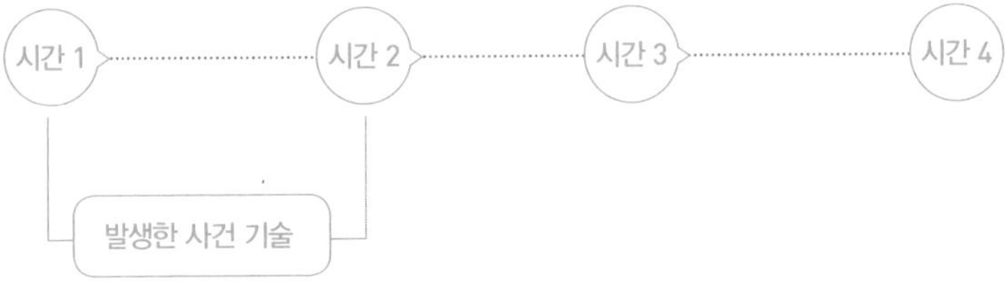

〈그림 7. 시간 순서 구조〉

역사적 사건은 구체적인 연도를 중심으로 전개되기도 해요. 1950년대, 1960년대, 1970년대 등등 시간이 흐름에 따라 변하는 과정을 서술합니다. 이런 변화의 표지들을 잘 확인할 필요가 있습니다. 하지만 영화에서 '과거 회상'이 나오면서 순서가 뒤죽박죽될 때가 있지요? 글에서도 그런 전략을 사용할 때 순서가 뒤섞이지 않도록 주의하며 읽어야 합니다.

원인 · 결과 구조

이 구조는 원인-결과, 논리적인 인과 관계로 이루어집니다. 시간순서와 비슷해 보이지만 다릅니다. 두 사건의 관계가 명확하게 입증되어야 하니까요. '왜~', '~때문에', '그러한 이유로' 등의 표지어가 자주 쓰입니다.

대표적으로는 문제의 원인이 앞에 나오고, 그 원인에 의한 결과를 뒤에 배치하지요. 반대로 결과(현재 상황)를 먼저 제시하고 그것의 원인을 하나하나 밝혀 나가는 방식도 있어요. 이런 글은 둘의 관계가 논리적이고 합리적인지 판단하며 읽어야 합니다.

우선 원인과 결과의 순서에 대한 차이를 예로 들어 볼게요.

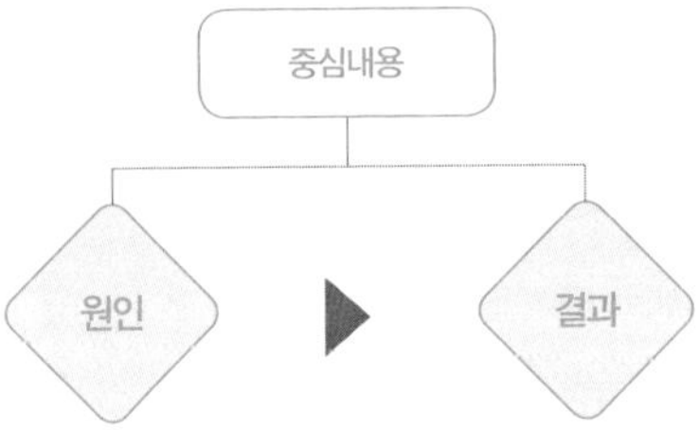

〈그림 8. 원인 결과 구조〉

〈그림 8〉 코로나 19로 인해 휴교하는 학교가 많아 학습 결손이 심각한 상태입니다. 그리고 스마트폰 대량 보급으로 인해서 학생들의 미디어 의존도가 점점 높아지고 있습니다. 이로 인해 학생들의 학습 격차가 점점 더 벌어지고 있습니다. (결과)

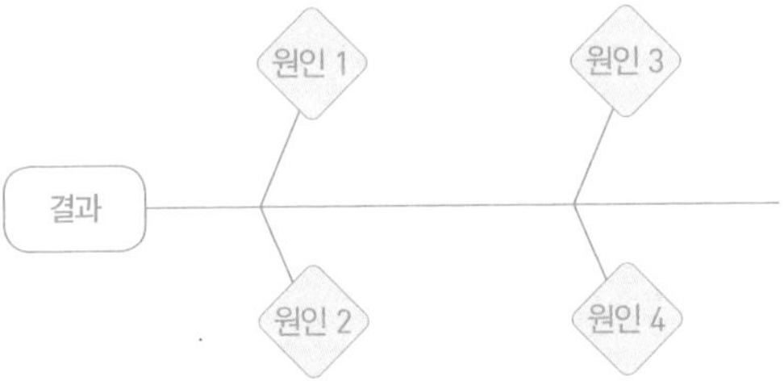

〈그림 9. 원인 결과 구조〉

〈그림 9〉 학생의 학습 격차가 점점 더 벌어지고 있는 상황입니다. (결과) 그 이유는 첫째, 코로나 19로 인한 잦은 휴교로 학습 결

손이 생기기 때문입니다. 둘째, 스마트폰 대량 보급으로 인해 학생들의 미디어 의존도가 높아지고 있기 때문입니다. 셋째…. 넷째….

이런 기본 내용 파악이 끝나면 비판적 읽기로 넘어가야 합니다. '까마귀 날자 배 떨어진다'라는 속담이 있어요. 까마귀가 나는 것이, 배가 떨어진 것의 원인일까요? 그냥 별개의 사건인데 우연이 때가 맞아 오해받는 안타까운 상황을 말하는 속담입니다. 어느 정도 상관이 있을 수 있다고 해도, 이런 상관관계와 직접적인 인과관계는 또 다르므로 더 엄격하게 구분해야 합니다. 그것에 대한 증명이 잘 되는지 확인하며 읽어야 합니다.

03 READING COMPREHENSION

글의 전략 파악하기

직접 겪은 것(경험), 실제 사회 현상 가져오기

글을 말로 바꾸어서 편하게 생각해 보세요. 무엇인가를 설명하거나, 설득하고 싶을 때 어떤 말하기 전략을 쓰나요? 친절하게 예시를 들거나, 친근한 비유를 들거나, 다른 것과 비교하기도 합니다. 이러한 글의 전략을 파악하면 글을 이해하는 데 큰 도움이 됩니다. 글쓴이는 하고 싶은 말을 '어떻게' 전달할지 고민하며, 의도를 담기 마련이니까요. 앞에서 배운 거시적인 구조(주제-조직, 원인-결과, 문제-해결 등) 안에서 미시적인 전략(예시, 통계, 인용 등)들이 어떻게 활용되는지 생각해 보세요.

가장 쉽게 사용하는 전략이 본인의 경험입니다. '내가 오면서 봤는데~', '어제 친구랑 음식점에 가다가~' 등등 자연스럽게 자신의 경험을 활용해서 이야기를 전개합니다. 그 경험은 나만이 할 수 있는 소중한 자산이니까, 적극적으로 활용할 수 있습니다. 지극히 개인적인 경험이라 대표성을 확인할 수 없습니다.

친구들이 모여서 이야기를 합니다.

"어제 지하철에서 어르신에게 자리를 양보하는 학생을 보았어. 마음이 따뜻하더라. 그래도 아직은 세상이 살만하구나, 싶더라고. 세상은 역시 함께 살아가는 거야."

그런데 이 이야기를 듣던 다른 친구가 말합니다.

"내가 여기 버스를 타고 왔는데 말이지, 노약자석에 학생이 앉아 있는 거야. 몸이 불편하신 어르신이 앞에 서 있어도 일어날 생각을 안 하더라고. 참, 세상 말세다 싶었다니까."

실화 바탕 소재의 미디어들이 인기를 얻는 것처럼, 직접 겪은 경험은 사람을 이끄는 힘이 있습니다. 설명하는 글이라면 실사용(實使用) 후기가 되겠고 주장하는 글이라면 감정을 자극하는 근거가 될 수 있습니다.

하지만 지극히 주관적인 사례나, 과도한 일반화는 조심해야 합니다. 그 사례나 경험자의 이야기가 대표성이 있는지, 같은 경험을 하고도 다른 감정을 느끼거나, 반대의 결과를 얻는 때는 없는지 확인하는 작업이 필요합니다.

청년 문제에 관한 글을 코칭 시간에 함께 읽었어요. 그 글에는 사람들의 인터뷰가 함께 담겨 있었습니다. 마음고생 많은 청년의 목소리, 그 청년들을 바라보는 기성세대의 걱정 가득한 목소리를 통해 현장감 있는 사람들의 생각을 알 수 있었어요. 하지만 그들이 대표성을 가진 인물은 아닙니다. 글쓴이가 이 목소리와 메시지를 어떤 의도로, 어떻게 연결하는지 파악하는 것이 중요해요.

예를 들어 설명하는 것(예시), 구체적으로 적용하기

상대방의 이해를 돕기 위해 자주 활용되는 전략입니다. 설명하는 내용의 활용 사례를 통해 이해를 도울 수 있고, 문제점을 구체적으로 보여주는 사례를 통해 독자를 자극할 수 있습니다. 지금 이 책에서도 수많은 예시를 들고 있어요. 이런 구조를 활용하는 예시, 이런 전략을 활용하는 예시 등입니다.

환경 오염이란 큰 개념도 최근 지구 온난화로 인한 온도 차이, 갑작스러운 산불과 지진, 따뜻해진 날씨, 가뭄으로 고생하는 농민들 등의 구체적인 사례를 활용하면 좀 더 직접적으로 와 닿습니다. 묵직한 개념도 독자 맞춤형 예시만 잘 활용하면 매력적인 설명이 가능합니다. '예를 들어'와 같은 표지가 나오면, 이해를 돕는 사례라고 쉽게 짐작할 수 있어요.

주의할 점으로는, 맥락에 맞는 적절한 예를 들었는지 확인하는 것입니다. 예가 적절하지 않으면 오히려 혼란을 주기도 하거든요. 또는 너무 작위적인 예를 들지 않았는지, 다른 곳에도 적용 가능한 내용인지 비판적으로 바라보는 시각이 필요합니다. 결국, 작가가 의도를 전달하기 위해 사용하는 도구인 만큼 극소수의 사례를 찾아서 가져올 수 있고, 글의 논지에 유리하게만 활용할 수도 있어요.

플랫폼 비즈니스의 장단점에 관한 칼럼을 예로 들겠습니다. 기본 특성과 장점은 카카오톡과 넷플릭스로 설명했습니다. 이어서 단점을 설명할 때, 플랫폼 노동자의 처우에 관해 이야기해요. 카카오톡 노동자? 넷플릭스 노동자? 바로 떠오르지 않죠. 그래서 배달의 민족 플랫폼과 함께 배달원을 예로 들며 나쁜 일자리를 이야기합니다. 친절한 예를 통하여 저자의 메시지를 파악할 수 있습니다. 하지만 이 예시가 서로 다른 서비스에서 나왔다는 점을 파악하고 '플랫폼 비즈니스' 라는 개념이 굉장히 넓다는 것을 인지해야 합니다. 좁은 예시에 집중하다 큰 틀이 흔들릴 수 있으니까요.

남의 말을 빌려 쓰는 것(인용), 다른 것에 빗대어 설명하는 것(비유)

다른 텍스트를 빌려 오는 이유는 크게 두 가지입니다. 센스있는 인용과 비유로 이해를 돕는 것, 또 전문가의 말이나 고전 텍스트를 통해 권위를 더하기 위함입니다.

잘못된 비유는 오히려 글의 일관성을 해치고 설명을 모호하게 만들기도 하니 연관성을 잘 파악해야 합니다. 서로 다른 대상이지만 맥락을 통해 공통점과 차이점을 분석하면, 연결고리를 찾을 수 있습니다.

'저명한 과학자 A는 이런 연구를 했습니다', '고대 철학자 B는 이런 말을 했습니다', '고전인 C에는 이런 구절이 적혀 있습니다' 등의 내용을 말과 글에서 쉽게 볼 수 있어요. 재미있는 사실은 저런 내용과 반대되는 연구, 명언, 구절이 많다는 것입니다.

'꿈을 크게 꾸어라'라는 말이 있으면 '한 걸음씩 나아가라'라는 말도 있습니다. 결국, 저자가 원하는 맥락에서 수많은 텍스트 중에 지지할 수 있는 것을 선택해 가져온 것일 뿐입니다.

방역 관련 뉴스가 시끌시끌했던 적이 있었지요. 정부의 방역 정책에 찬성하는 전문가 집단과 반대하는 전문가 집단이 대립했기 때문입니다. 정부로서는 방역 정책을 밀고 나가야 했기 때문에, 찬성하는 전문가들의 의견을 뉴스에 많이 담았지요. 그들의 인터뷰는 인용에 재인용을 거쳐서 여러 칼럼과 사설에 널리 퍼졌습니다. 시민들에게 신뢰감을 줄 수 있었지요.

하지만 방역 정책에 반대하는 전문가들이 SNS에서 의견을 표출하고, 책을 출간했습니다. 유튜브 채널에서 성향에 맞는 전문가들의 말을 인용해서 또 이야기합니다. 진실과 거짓의 문제를 넘어, 시민은 권위 vs 권위 속에서 결국 또 한 번 고민하게 되었지요.

비유도 마찬가지예요. 절대적인 것은 없습니다. 학교를 우리 사회의 축소판으로 흔히 비유하지요. 여러 공동체 생활, 경쟁과 평가, 사람 간의 갈등… 비슷한 점이 많으니까요. 하지만 일반 사회와는 다른 학교만의 특별한 점도 분명히 있습니다. 어느 부분을 보느냐에 따라 적절한 비유가 이루어질 수 있고, 아닐 수도 있어요. 과잉으로 해석하면 비공감의 비유가 나오기도 합니다.

미디어를 수업하면서 광고 읽기를 많이 합니다.

벤츠의 한 광고에서는 자동차가 아니라 닭이 주인공입니다. 닭들이 흥겨운 음악에 맞추어 춤을 추는데, 머리는 고정되어 있습니다. 그리고 '언제나 안정적이다 Magic Body Control'이라는 문구와 함께 벤츠 로고를 노출하며 광고를 끝냅니다.

이를 본 사람들은 당황합니다. 치킨 광고인 줄 알았는데, 자동차 회사 광고였습니다. 자동차를 닭에 비유한 이 광고는 어떤 메시지를 주고 싶었을까요? 힌트는 공통점입니다. 언제나 안정적이라는 것입니다. 닭에서 안정적인 것은? 머리. 머리가 의미하는 것은 운전자, 앞 좌석이겠죠. 아무리 차가 흔들려도, 운전하는 당신의 승차감은 좋을 것이라는 의미를 비유적으로 전달합니다. 누군가는 센스 있다고 하고, 누군가는 난해하다고 합니다.

인용과 비유는 잘 하면 이해가 쉽고, 아니면 미궁에 빠질 수 있습니다. 하지만 어떤 상황에서든 우리는 이해할 수 있도록 노력해야 합니다. 저자가 어떤 의도를 가지고, 이런 전략을 썼는지, 이를 통해서 전하고 싶은 메시지를 빠르게 연결하여 파악해야 합니다.

현상을 숫자로 나타낸 것(통계), 연구 및 실험 결과 가져오기

정보를 전달하면서 객관성은 신뢰감을 주기 위하여 자주 활용합니다. '요즘 주변에 보니까 아이를 많이 낳지 않더라'라고 하면 개인적인 경험에 의한 정보입니다. 하지만 '이번에 통계청이 발표한 2021 출생통계 보니까 21년 26만 600명으로 전년 대비 출산율은 −4.3%로 떨어졌더라'라고 말하면 좀 더 객관적인 정보이지요.

안나 로슬링 뢴룬드, 올라 로슬링의 공저인 《팩트풀니스》에서는 우리가 세상을 오해하고 있다고 지적합니다. 감상적으로 세상을 바라보며 막연한 두려움과 편견 속에서 헤맨다고 하지요. 그리고 명확한 데이터와 통계로 세상을 증명하고자 노력합니다. 이런 시각에서 통계는 믿음직한 자료가 됩니다.

수강생들과 함께 읽은 〈니트(NEET:Not in Employment, Education or Trainning)를 새 시각으로 봐야 할 때〉, 기호일보 창간 33기념 특집글에는 많은 통계가 있었습니다. 이 통계를 통해서 '요즘 애들 힘들어~' 같은 추상적인 목소리가 아니라 객관적인 현실을 보여주고 싶었던 거 같아요.

> 지난 3월 현대경제연구원이 발표한 '국내 니트족 현황과 시사점'이란 보고서에 따르면 2017년 기준 국내 청년 인구 중 니트족이 차지하는 비중은 18.4%(170만여 명)로, OECD 평균 13.4%보다 상회합니다.
> 2016년 26만여 명까지 하락했던 니트족 규모는 지난해 43만6천여 명까지 증가했지요. 이는 전년도 대비 24.2%(8만5천여 명) 증가한 수준으로, 전체 청년층 인구에서 차지하는 비중도 같은 기간 2.8%에서 4.9%로 상승했습니다.

모든 통계가 정확한 것은 아니기에 항상 출처를 확인하는 습관을 들일 필요가 있습니다. 사회 정책 관련 통계는 정치적인 성향과도 관련이 있어요. 특정 조사 기관에서는 교묘하게 조작해서 입맛에 맞는 통계 결과만 도출하기도 하지요. 이어서 글쓴이가 논지를 강화하기 위해 과도하게 자의적으로 해석한 것은 아닌지 점검할 필요가 있습니다.

기본적으로 통계는 최신 통계를 우선시합니다. 하지만 통계가 없거나, 불리할 경우 의도적으로 과거 통계를 활용하기도 해요. 메시지의 맥락에 통계를 끼워 맞추는 경우죠. 또 기준을 유리하게 활용하기도 해요. 이렇게 통계 자체에 대한 의심, 통계를 활용하는 글쓴이의 의도에 대하여 의심할 필요가 있습니다.

[코칭 이야기 4]

글의 구조 / 전략 영역

Q. 구조가 잘 안 보일 때?

개별적인 문단의 메시지는 독립적인데, 구조로 얽히면 또 다른 의미를 만들어내는 경우가 있습니다. 자주 드는 비유인데요. ㊀A 핸드폰을 사용하고 있는데 불편한 점이 있고, 요즘 B가 인기가 높다. ㊁그래서 B 핸드폰을 사용해봤는데, 또 만족스럽지가 않다. 치명적인 문제점이 있다. ㊂A가 문제점이 있지만 보완하는 것이 낫겠다.

이 3개의 문단은 각각 다른 메시지를 뽑을 수 있어요. ㊀A는 별로다. ㊁B도 문제가 있다. ㊂A는 문제점을 보완할 수 있다. 실제로 셋 중에서 하나를 고르는 분도 꽤 있습니다. 글에 명확하게 드러나니까요.

하지만 전체 구조를 파악했을 때, A와 B의 관계를 설정해서 A가 B보다 낫다는 메시지를 뽑을 수 있습니다. 굳이 B를 가져와서 비교하고 대조한 이유는 구조와 관계 속에서만 추론할 수 있으니까요. 글쓴이의 입장에서 생각해 보세요.

Q. 구조는 알겠는데, 의도를 모르겠을 때?

겉으로는 객관적인데 구조 속에 음흉한(?) 의도가 담긴 글도 있어요. 예를 들면, 한 글은 아주 객관적인 척, 사회적 현상을 이야기합니다. 그리고 다양한 학자들이 이야기한 현상의 원인을 소개합니다. 한 학자는 그 원인을 A라고 이야기합니다. 하지만 A는 한계가 있고, 다른 학자는 그 원인을 B라고 이야기합니다. 하지만 B도 문제점이 있고 또 다른 학자는 그 원인을 C라고 해요. C는 다른 반박 없이 글이 끝납니다.

이러한 구조에서 A, B, C는 동등한 위치에서 나열한 것 같지만 그렇지 않습니다. C에 힘이 팍팍 들어가 있습니다. A와 B를 소개하고 반박한 과정은 C를 돋보이게 하는 전략이라고 할 수 있지요. 탐정의 입장이 되어 의심해 보세요.

Q. 작가의 전략 때문에 읽기가 더 힘들 때?

우선 그 전략이 꼭 필요한 것인지 확인해야 합니다. 글의 무게감을 주기 위해 서양 철학자나 어려운 연구 결과를 가져오는 경우가 있어요. 메시지 자체가 가볍거나 싱거워서 전략에 더 힘을 준 것인데, 겁을 먹고 메시지 자체를 놓치는 분도 있습니다. 예시나 비유를 들어서 오히려 혼란스럽게 하기도 합니다. 크게 중요하지 않다고 판단될 때는 살짝 넘어갑니다. 우선 전체 통독을 한 후에 다시 검토합니다.

어렵지만 꼭 필요한 부분일 수 있습니다. 형식이 내용에 큰 영향을 줄 때, 이 내용을 이해해야 다음 진도도 술술 나갈 수 있을 때, 집중해서 정리해야 합니다. '왜 이런 짓을 했을까?' 질문하며 의도를 파악해야 합니다. 그리고 그 부분이 있을 때와 없을 때를 비교하고, 다른 익숙한 것으로 대체했을 때의 차이를 생각합니다. 그 차이가 전략의 의도일 수 있어요. 의도를 이해한 상황에서 익숙한 다른 예시나 전략을 적용해보는 것도 방법입니다.

01 상황과 맥락 파악하기

머릿속으로 상황 그리기 | 앞뒤 문맥으로, 어조 파악하기 | 속담, 사자성어, 언어유희, 유머와 친해지기

02 객관과 주관 분리하기

사실과 의견 구분하기 | 텍스트와 독자 분리하기 | 생각의 출처 점검하기

03 심층적 의미 추론하기

숨은 단서를 찾기 | 퍼즐 조각 맞추고 해석 끌어내기 | 상황 맥락 파악하기

[코칭 이야기 5] 심층적 의미 영역

제5장

'진짜' 의미를 파헤치는 법

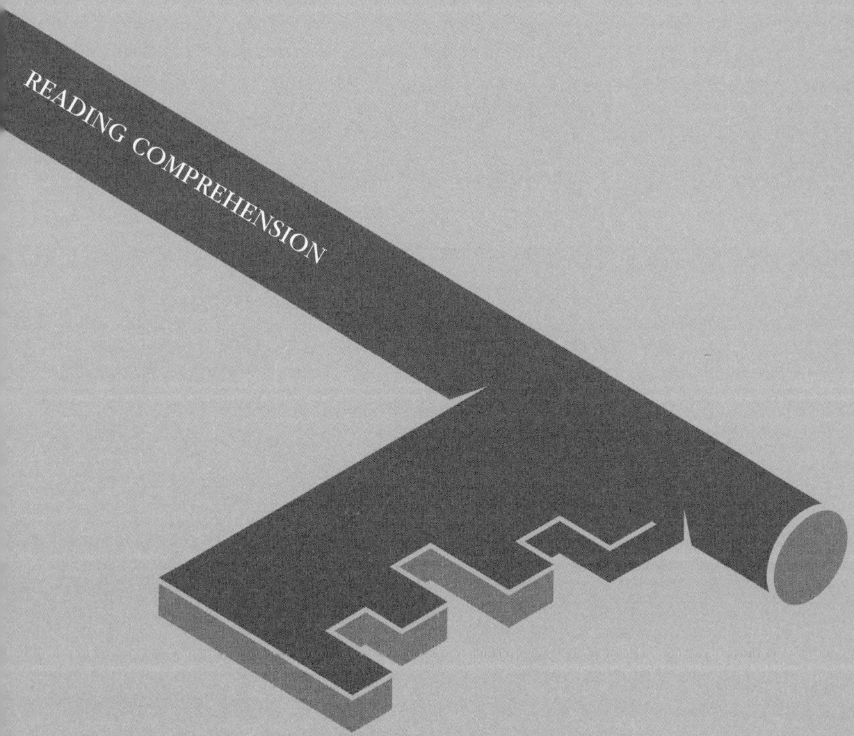

진짜 의미를 파헤치는 법
READING COMPREHENSION

명확하게 드러나지 않을 때는 단순하게 표현한 그림을 직접 그리는 것이 좋아요.
친절한 책은 등장인물 관계도, 주요 장소 지도, 부연 설명 및 자료 등을
별도로 첨부하기도 합니다. 이러한 요소는 독자의 이해에 도움을 주기 때문이지요.

01 READING COMPREHENSION

상황과 맥락 파악하기

머릿속으로 상황 그리기

진짜 의미란 무엇일까요? 우리는 말을 하면서 본래 의도를 숨기는 경우가 종종 있습니다. '말에 뼈가 있다!'라는 말을 자주 하지요. 글도 마찬가집니다. 겉으로 드러나는 의미와 다른, 숨은 메시지가 담긴 경우가 있습니다. 어려운 글일수록 이런 장치가 많이 있지요. 깊은 독해가 필요한 순간입니다.

언어학에서 화용론이라는 분야가 있습니다. 언어 자체보다 사용의 맥락에 중점을 둔 영역이지요. 말하는 이 - 듣는 이 - 시간 - 장소는 주요 고려 요소입니다. 같은 말도 말하는 이와 듣는 이의 관계에 따라 다른 의미가 있습니다. 언제, 어디에서 진행한 대화이냐에 따라 또 어조가 달라집니다. 이런 언어적 센스를 기르는 방법을 함께 알아볼게요.

글을 쭉쭉~ 기계적으로 읽지 말고, 속에 담긴 상황과 맥락을 머릿속에 그려봐야 합니다. 문학의 경우에는 묘사를 읽고 상상하고, 비문학 같은 경우에는 작가와 대상의 관계, 상황과 대상의 관계 등을 구조화해보는 것이죠.

명확하게 드러나지 않을 때는 단순하게 표현한 그림을 직접 그리는 것이 좋아요. 친절한 책은 등장인물 관계도, 주요 장소 지도, 부연 설명 및 자료 등을 별도로 첨부하기도 합니다. 이러한 요소는 독자의 이해에 도움을 주기 때문이지요.

특히, 외국 문학에서 인물 관계도는 작품의 이해도를 높일 수 있습니다. 낯선 이름들 속에서 관계를 놓치면 '왜 이런 상황에서, 이런 대사를 하는지?', '저 인물은 무엇을 위해 저런 선택을 하는지?' 중요한 요소가 헷갈릴 수 있어요. 그럴 때 인물 관계도를 보며 정리하면 좋습니다.

공간 이동이 큰 경우에는 지도 활용도가 높습니다. '주인공이 어디로 이동하는지?', '인물의 목적지가 어디인지?', 'A 국가와 B 국가가 싸우는 이유가 무엇인지?' 쉽게 이해할 수 있지요. 자료가 나와 있으면 좋지만, 아니라면 직접 그려 보는 것을 권합니다.

글쓴이와 텍스트의 관계도 그려 볼 수 있지요. 비문학에서는 직접적인 메시지 전달과 깊은 관련이 있기도 합니다. 예를 들어, 글쓴이 A의 직업은 인공지능 로봇의 투입에 위협을 느끼고 있는 상황입니다. 그런데 글에서 인공지능의 가능성과 미래에 대하여 이야기합니다. 이 상황을 그려 보면 조금 의아한 면이 있죠. 그럴 때, 뒷부분에 반전이 있을 수 있습니다. 칭찬하면서 극복하기 힘든 한계를 이야기한다거나, 미래는 유망하지만, 현재는 부족하다는 숨겨진 의도를 파악할 수 있습니다.

앞뒤 문맥으로, 어조 파악하기

배경 지식을 잘 활용하여 상황을 파악하면 좋지만, 그러기 힘든 순간에는 문맥에 집중해야 합니다. 시야를 넓게 가지려는 태도가 중요하지요. 지금 눈에 보이는 것 이상의 큰 그림이 있으리라 생각하며 안테나를 높이 세워야 합니다.

2022년 카타르 월드컵 8강에서 크로아티아가 브라질을 일대일 무승부, 승부차기 접전 끝에 이겼습니다. 이 대이변 속에서 눈에 띄는 댓글이 있었어요.

"와! 일본 진짜 잘하네."

이 글만 보면 고개를 갸우뚱거리게 됩니다. 칭찬하려면 승리한 크로아티아를 칭찬해야 하는데, 뜬금없이 일본 칭찬이라니요. 이 맥락을 이해하려면 16강 전을 가져와야 합니다. 16강 전에서 일본은 크로아티아에 1:1 무승부, 승부차기 접전 끝에 졌습니다. 브라질은 한국을 4:1로 크게 이겼고요. 한국을 대파한 브라질의 실력을 우리는 인정해야만 했습니다. 때문에 일본과 크로아티아의 실력을 간접적으로 느꼈죠. 한국을 이긴 브라질과 일본을 이긴 크로아티아의 경기에서 공통의 맥락을 찾을 수 있습니다. 크로아티아와 무승부여서 승부차기까지 간 일본은, 브라질과도 해볼 만한 상대일 수 있다는 거지요. 그러니 저절로 감탄이 나오는 겁니다. 이 맥락을 이해하지 못하면 뜬금없는 소리로 들리게 됩니다.

특히, 일상 대화에서 고맥락의 메시지들이 자주 오고 갑니다. 앞에서 다루었던 '거시기'와 같은 말이지요. 글에서도 대명사를 통해서 이런 상황이 자주 생깁니다. 그 대명사가 무엇을 지칭하는지 잘 연결해야 합니다. 잘못된 연결은 왜곡된 의미를 형성할 수 있습니다. 그 대명사마저도 생략된 상태에서 포괄적인 '요즘 애들', 'MZ 세대', '직장인' '기성세대' 등의 범용적인 이미지를 사용하기도 합니다. 또, 단어 안에 여러 가지 의미를 담고 있기도 하지요. 앞에서 다루었던 〈니트를 새 시각으로 봐야할 때〉 칼럼으로 살펴보겠습니다.

청년들은 니트족에 대한 기성세대의 편견에 대해 그들이 만들어

놓은 '불공정'하고 '과로가 일상화'된 문화에서 기인했다고 비판한다.

이 글에서 '기성세대의 편견'이 의미하는 것은 무엇일까요? 여러분이 생각하는 기성세대, 또 그들의 편견이라는 배경 지식을 가져오기 전에 먼저 해야 할 것은 앞뒤 문맥 파악입니다.

한 기업의 임원진으로 재직 중인 A(62) 씨는 "결국 힘든 일은 하기 싫어 백수 상태로 지내는 니트족을 이해하기 어렵다"라며 "'나 때는'이란 말을 꼰대 느낌이 난다고 하지만, 갖은 어려움에도 결국 끝까지 버텨 인생을 일군 우리 세대로서는 요즘 애들이 나약하다는 생각을 버릴 수 없다"라고 말했다.

앞을 살펴보았더니 이런 문장이 있습니다. 인터뷰한 분이 62세이니, 기성세대는 60대를 포함한다는 것을 알 수 있습니다. 편견 내용은 '힘든 일 하기 싫어', '나약하다' 정도입니다. 이렇게 꼼꼼하게 연결 지어 해석하면 합리적인 추론이 가능하지요.

이렇게 꼼꼼하게 연결 짓기 힘든 상황에서는, 최소한으로 긍정의 의미인지, 부정의 의미인지만 파악해도 큰 이득입니다. 칭찬하는 듯하면서 '비꼬기' 했을 때, 그 어조를 놓치면 상처가 배로 커지는 원리입니다. 앞뒤 문맥을 잘 살펴보아야 진정한 의미를 파악할 수 있지요.

예를 들어, '인간은 최상위 포식자가 되었다'라는 중립적인 문장이 있을 때, 이 말의 어조를 파악해야 합니다. 앞에서 '인간은 대단하다. 신체적 열세를 무릅쓰고 많은 것을 이루었다'라는 문장이 있다면 긍정적인 어조죠. 그럼 '앞으로 인간의 특징을 더 지켜야 해!'라는 전개로 이어질 확률이 높습니다.

반면에, 앞에서 '인간은 많은 동물을 죽이고 이용했다. 그렇게 홀로 살아남았다'라는 문장이 있다면 부정적인 어조를 느낄 수 있습니다. 이는 '공생을 위해 인간은 지금까지와는 달라져야 해!'라는 전혀 다른 전개로 이어질 수 있습니다.

속담, 사자성어, 언어유희, 유머와 친해지기

앞에서도 이야기했지만, 상황과 맥락에 맞는 속담이나 사자성어를 쓰기 위한 노력은 언어적 센스를 기르기 좋은 습관입니다. 읽는 사람으로서도 마찬가지예요. 그 외에 다양한 관용어, 문화적으로 자주 활용하는 표현과 친해지면 글을 이해하기 좋습니다.

관용어는 둘 이상의 낱말이 합쳐져 원래의 뜻과는 다른 의미로 굳어져서 쓰이는 표현이지요. '너는 진짜 발이 넓다'라고 했을 때, 발 치수를 이야기하는 것이 아니라 인맥을 말합니다. '손이 크다'

도 손 크기보다 씀씀이가 크다는 의미로 많이 활용합니다. '귀가 얇다'도 남의 말을 쉽게 받아들인다는 의미로 자주 쓰이지요. 이런 관용어와 친하게 지내면 자연스러운 독해가 이루어집니다.

사자성어(고사성어)는 한자어로 구성된 관용어라고 생각하면 됩니다. 한자만 보면 숨이 턱턱 막히는 분이 있지요. '축구 토너먼트 경기에서 어부지리로 다른 팀이 4강에 오르게 되었다'라는 말을 들었을 때, 우리는 어부지리의 의미를 통해 문장의 의미를 쉽게 파악할 수 있습니다. 하지만 '어부지리'를 모르면 혼란에 빠집니다.

속담은 옛날 생활 모습을 기반으로 하여 지혜와 교훈을 주는 말입니다. 옛날 일상을 전제로 하므로 낯설 수 있습니다. '등잔 밑이 어둡다'라고 하면 가까이 있는 대상이 오히려 알기 어렵다는 의미로 사용됩니다. '소 잃고 외양간 고친다.'라는 말은 이미 벌어진 일을 뒤늦게 수습하는 모습을 이야기합니다. 등잔과 외양간이 낯설어도 전체 의미를 이해하면 좋습니다.

서울대 심리학과 최인철 교수의 중앙일보 칼럼 〈내성적인 사람이 온다〉를 수강생과 함께 읽었어요. 인터넷에서 활용하는 재미있는 표현이나, 사자성어 등 다양한 표현을 적극 활용한 글입니다. 하지만 이런 부분을 오히려 이해하기 힘들어하는 분들이 있어요.

침묵이 무능으로 오해될까 봐 전전긍긍하는 그들의 마음을 알 턱이 없다.

외향성 제국을 난공불락으로 만든 결정적 주범은 심리학이다.

마침내 외향적인 사람은 금수저가 되고, 내성적인 사람은 흙수저가 되는 강고한 외향성 제국이 완성되었다.

운동장은 이제 반대로 기울고 있다.

하나씩 살펴볼게요. 전전긍긍(戰戰兢兢)은 몹시 두려워서 벌벌 떨며 조심하는 모습입니다. 침묵하면서 마음 졸이는 모습에 적합하죠. 난공불락(難攻不落)은 공격하기가 어려워 쉽게 함락되지 않는 성입니다. 외향성 제국이 그만큼 단단하게 구성하고 있다는 의미에 적합합니다. 어느 정도 알고 있다면 자연스럽게 의미를 이해할 수 있지요.

한자어 외에도 문화적으로 많이 활용되는 키워드들이 있어요. 신조어라서 정식으로 사전에 등재되어 있지 않은 때도 있지만, 많이 볼 수 있습니다. 여기서는 '금수저', '흙수저', '기울어진 운동장' 등입니다. 이런 표현은 뜻을 아는 사람에겐 직관적으로 의미를 전달하지만, 모르는 사람들에게는 모호하기만 합니다.

흙수저는 경제적으로 풍요롭지 못한 가정에서 자란 사람, 금수저는 경제적으로 풍요로운 가정에서 자란 사람을 이야기합니다. 즉, 처음부터 타고난 환경을 강조하는 말입니다. 외향성 제국에서 태어난 외향성은 쉽게 인정받고, 행복할 수 있을 것입니다. 반대로 내향성은 더욱 적응하기 힘들겠죠. 그 맥락에서 '금수저'와 '흙수저'를 가지고 왔어요.

기울어진 운동장이란 표현도 자주 활용하는데요. 기울어진 운동장에서 축구를 한다고 생각해 보세요. 한쪽에게 일방적으로 유리하겠죠? 그래서 공정한 경쟁이 불가능한 상황을 비유적으로 이야기합니다. 외향성의 제국 안에서 외향성 vs 내향성은 공정한 대결을 할 수 없다는 의미이지요. 그나마 운동장이 반대로 기울어져 평평해진다면, 내향성인 사람에게 기회가 생긴다는 뜻입니다.

동음이의어, 다의어와 같은 언어의 특성을 활용한 언어유희도 마찬가지입니다. "나는 너한테 '사과' 받고 싶어"라고 했을 때, 이 '사과'는 먹는 사과일까요? 미안하다는 사과일까요? 상황과 맥락이 중요한 순간이죠. 배고픈 상황이라면 먹는 사과, 잘못한 게 있다면 미안하다는 사과입니다. 이런 것들을 활용한 언어유희, 허무개그가 많이 있습니다. 이런 것을 자주 듣고, 자주 활용하면 언어적 감각을 기를 수 있습니다.

02 READING COMPREHENSION

객관과 주관 분리하기

사실과 의견 구분하기

사람은 기본적으로 자기를 중심으로 생각합니다. 자신의 견해나 관점을 기초로 하는 주관적 판단에 익숙하지요. 그것을 벗어나 제삼자로서 사물을 보거나 생각하는 객관적 판단은 쉽지 않은 일입니다. 올바르게 글을 이해하기 위해서는 좀 더 일반적이고 공통된 입장에서 객관적으로 판단하려는 의도적인 노력이 필요합니다.

글에는 사실과 의견이 섞여 있습니다. 현재에 일어난 일이나 실제로 있었던 일을 담고, 그것에 의미를 부여하고 해석하거나 판단하는 식이죠. 명확하게 구분할 수 없는 경우도 많은데, 의식적으로 그런 효과를 노리기도 합니다. 글쓴이의 '의견'을 이미 정해진 '사실'처럼 여기도록 말이지요. 그래서 글 안에서도 어디까지가 사실이고, 어디에서부터 의견인지 구분할 필요가 있습니다.

최근 뉴스에서 자주 볼 수 있는, 서로 다른 논조의 뉴스를 살펴보겠습니다.

(A) 전염병으로 인해 많은 사람이 고통받고 있습니다. (사실)

- 변화된 일상 속에서도 정부는 세계적인 성과를 보입니다. (사실+의견)
- 이 위기가 우리에게 기회가 될 것이니 조금만 믿고 버팁시다. (의견)

(B) 전염병으로 인해 많은 사람이 고통받고 있습니다. (사실)

- 변화된 일상 속에서 무능력한 정부 때문에 더 힘듭니다. (사실+의견)
- 이 위기에서 벗어나기 위해서는 새로운 혁신이 필요합니다. (의견)

(C) 전염병으로 인해 많은 사람이 고통받고 있습니다. (사실)

- 변화된 일상 속에서 정부는 최선을 다하고 있지만, 한계가 있습니다. (사실+의견)
- 이 위기에서 벗어나기 위해서는 결국 우리 개인이 노력해야 합니다. (의견)

사실

우리가 전염병으로 고통받고 있는 사실은 모두가 인정하는 공통부분입니다. 누군가 '나는 별로 안 힘든데?'라고 한다면, 근거 데이터를 추가할 수 있어요. 전염병으로 인한 사망자 수, 경제활동 지표, 사람들의 인터뷰, 전문가의 분석 대담 등을 참고할 수 있지요. 이것도 합의가 되지 않는다면, 힘들지만 설득의 과정을 거쳐야 합니다. '이건 팩트! 인정?'이라고 했을 때, 인정하지 않으면 다시 점검하는 거죠. 사실인 척하는 정보도 많으니 엄격히 구분할 필요가 있어요. '사실'이 기본 전제가 되는 경우도 많으므로, 여기서 휘말리면 글쓴이의 의도에 넘어가기 쉽습니다. 그럴 때는 전제 자체를 뒤집어야 합니다.

사실+의견

이후부터는 더 구분하기 힘듭니다. '변화된 일상'까지는 사실이지만, 그 이후 정부의 대응에 대해서는 긍정/부정 의견이 갈립니다. '잘 한다', '못 한다', OECD 어쩌고저쩌고하면서 서로 팩트라고 하지만, 그 안에 맹점이 있지요. 긍정적으로 생각하는 사람이 책을 내고, 인터뷰하고, 전문가의 의견을 반영하며, 세계 언론의 칭찬 뉴스를 가져와 판단의 근거로 삼기도 합니다.

하지만 반대 관점에서도 가만히 있지 않죠. 실체를 폭로한다며 책을 내고, 인터뷰하고, 전문가의 의견을 반영하며 세계 언론의 비난 뉴스를 소개합니다.

서로가 자신의 의견을 대변하는 데이터를 가져올 수 있고, 이야기(내러티브)를 구성할 수 있으므로, 결국 해석과 판단의 영역으로 넘어갑니다. 독자가 근거를 살피고 분석하여 최종 판단해야 합니다.

의견

우리가 읽는 글은, 결국 누군가가 쓴 글입니다. 누군가 특정 주제를 정하고, 한 글자씩 또박또박 써서 만들어 낸 결과물입니다. 미디어의 기본 특성 중 '프레임(Frame)'이 있어요. 의식적이든 무의식적이든 제작자의 프레임, 인식이 반영될 수밖에 없습니다. 거기서 글에 담긴 글쓴이의 의도, 생각, 의견이 드러나지요.

최대한 사실을 바탕으로 의견을 전하려고 노력하는 사람, 사실과 상관없이 신념이 강한 사람, 사실인 척하면서 설득하고 싶어 하는 사람 등등 다양한 글쓴이 유형이 있습니다. 글 안에서 자신들의 금전적, 정치적, 사회적 이익을 반영하는 때도 많으니 주의해야 합니다.

의견이 사실보다 나쁘고, 사실이 의견보다 우위에 있는 것은 아닙니다. 다른 영역이니까요. 과학적 데이터가 잘 짜인 내러티브보다 우위에 있다는 것이 아닙니다. 과학이 100% 진리는 아니니까요. 사실인 척하는 의견에 속지 않기 위해, 분리하는 연습을 해야 합니다.

텍스트와 독자 분리하기

글 내부적으로 사실과 의견을 구분하는 것 외에 텍스트와 독자를 분리하는 작업도 필요합니다. 독자가 가장 경계해야 할 것은 독자 자신이기도 합니다. 그래서 저는 책리뷰를 남길 때도 항상 '책의 내용'과 '저의 감상'을 나누어 한 줄씩 정리해요. 철저하게 분리합니다. 앞에서 배경 지식과 경험을 근거로 해석하는 것이 좋은 방법이라고 했는데, 지금은 분리하라니, 무슨 말인가 싶지요?

앞에서 동화-조절-평형화에 관해서 이야기했었는데, 동화만 일어나는 경우를 경계해야 합니다. 지금까지 살면서 쌓아 온 경험과 배경 지식, 가치관과 신념은 독해(讀解)에 좋은 자산이지만, 과도하게 작동하면 방해물이 됩니다. 깔때기처럼 다 내 입맛에 맞게 수용하는 거예요. 심지어 편향된 생각으로 왜곡하여 이해하기도 합니다. 우선 분리하여 이해하는 것이 중요하지요.

기본적으로 같은 텍스트도 독자에 따라 반응이 다릅니다. 예를 살펴볼게요.

(A) 독서에도 교육이 필요하다. (텍스트)

- 독서를 교육하는 나라가 어디 있어! 한국 사교육이 문제야! (독자1)
- 무슨 말인지는 알겠는데, 교육은 오바야. (독자2)

- 독서에도 교육이 필요한 것 같아! 시대가 달라졌어! (독자3)

(B) 유·초등부 교육이 인생을 결정할 만큼 중요하다. (텍스트)

- 무슨 유·초등부 교육 때 인생이 결정돼! 한국 사교육이 문제야! (독자1)
- 무슨 말인지는 알겠는데, 노는 것이 더 소중해. (독자2)
- 세 살 버릇 여든 간다고 하잖아! 중요한 시기지! (독자3)

사람의 인지 구조는 원래 편향되어 있습니다. 태생적으로 '보고 싶은 것, 듣고 싶은 것'이 더 쉽게 와 닿고 끌립니다. 평소 가지고 있던 독서교육에 관한 생각, 유·초등부 교육에 대한 신념이 독해에 영향을 미칩니다. 글을 읽고 생각이 바뀔 수 있고, 그대로 유지될 수도 있겠지요.

한국 사교육에 반감이 있는 분들은 '독자 1'과 같이 반응하기 쉽습니다. 교육에 대해 유연하게 사고하신 분은 '독자 3'처럼 반응할 수 있고요. '독자 1'은 책의 내용에 반전이 있다고 해도 발견하지 못할 확률이 높습니다.

이미 머릿속에 '한국 사교육 시장에 속지 않겠다!'라는 강한 인식이 박혀 있으니까요. 수많은 뉴스 기사를 보면 제목만 보고 90% 이상 판단한 후에 댓글을 다는 분이 있습니다. 본문을 안 읽은 분이 많지만, 읽어도 큰 차이가 없는 분도 많아요.

대부분 독자는 작가의 생각이 나와 같으면 기분이 좋고, 다르면 기분이 나쁘다고 합니다. 하지만, 그 요소가 독해에 너무 많은 영향을 미치면 위험하지요. 작가의 의견을 그대로 알아채는 것을 우선으로 해야 의미 있는 독해가 됩니다. '역시, 그랬군!', '참나, 어이없네!'라며 넘겨짚는 예측과 반응은 살짝 미뤄둬야 합니다.

청년 문제를 '새 시각'으로 보자고 주장하는 글을 보면서, 청년들이 어떤 고생을 하는지, 어떤 시각으로 봐야 하는지, 왜 그래야 하는지 파악해야 합니다. '요즘 애들은, 쯧쯧쯧'이란 선입견이 강하면 글에서 제시하는 객관적 자료와 살아 있는 인터뷰가 하나도 머릿속에 안 들어옵니다.

심지어는 나와 다른 생각은 못 본 척 외면하고, 숨어 있지도 않은 의미를 추론해서 창작도 합니다. 그런 거 없이 '이 사람은 이렇게 생각하는구나!'라고 깔끔하게 이해하며 그 이후 다른 자료와 함께 판단하는 게 좋습니다. 무슨 말인지는 알겠는데~ '근거가 부족해, 타당하지 않아!'라고 하며 비판할 수 있어요. 또, '일리가 있구먼, 다시 생각해 보는 계기가 되었군!'이라며 수용할 수도 있습니다.

미디어 리터러시를 주제로 많은 학부모님과 선생님들을 만났습니다. 가장 반가운 강의 후기는 "시야가 넓어졌어요. 생각이 바뀌었어요."입니다. 기존 유튜브, SNS, 게임 등에 부정적인 생각하고 있던 분들이 강의를 듣고 긍정적인 미디어의 가치를 인식한 것이에요. 제가 건네는 디지털 전환 시대의 메시지를 이해해주신 겁니다.

이해는 했지만, 반응은 다를 수도 있어요. "미디어를 잘 활용하는 것이 중요한 것은 알겠는데 중독될까 봐 무섭습니다. 조절하는 방법이 있을까요?" 건강한 속도 조절입니다. 선입견에 의한 조건 없는 거부만 경계하면 됩니다.

생각의 출처 점검하기

사람들은 흔히 '자동'으로 생각합니다. 글을 읽다 보니 직관적으로 어떤 생각이 드는 경우가 많지요. 이것은 독해에서 매우 효율적인 과정입니다. 하지만 비판적 읽기, 심층적 주제를 파악하는 읽기에서는 경계해야 하는 과정이기도 합니다. 함정에 쉽게 넘어갈 수 있으니까요. 그래서 저는 '생각의 출처'를 자주 확인합니다. 그렇게 생각한 이유가 무엇인지 점검하는 것이죠. '그냥'이라고 초등학생처럼 말하면 안 됩니다. 파고들어서 찾아야 해요.

출처는 크게 3가지로 나누어집니다. ①텍스트 안, ②텍스트와 독자 사이, ③텍스트 밖. 앞에서 우리가 텍스트와 독자를 분리하는 연습을 했었죠. 같은 맥락입니다. 텍스트를 객관적 독해의 기준점으로, 독자를 주관의 기준점으로 정하는 것입니다. 우리의 목표는 글을 이해하는 것이니까요. 생각을 더해서 우주의 진리를 찾는 것은 나중입니다.

생각의 출처 점검 예시

'인공지능은 인간을 대체할 수 없다'

그렇게 생각한 이유가 무엇인가요? 생각의 출처를 정리해주세요.

- 텍스트 안: 마지막 문단 3번째 줄에 이런 문장이 있습니다.
- 텍스트와 독자 사이: 55p 세 번째 문장을 바탕으로 추론했습니다.
- 텍스트 밖: 저번에 들었던 다른 강의가 떠올랐어요.

텍스트 안

사실적 독해에 가깝습니다.

글을 그대로 발췌한 것이지요. 친절한 글은 이 정도로 충분합니다. 작가가 반복적으로 사용한 단어, 마지막에 강조한 문장 등은 이해하는데 중요한 단서가 됩니다. 표시만 적절하게 해도 명확한 메시지가 보입니다.

하지만 표면적인 주제에 그칠 위험도 있으니, 쉽게 만족하면 안 됩니다. 주변 단서들을 통해서 심층적인 의미가 있는 것 같다면, 단계를 나누어서 생각해야 합니다. 방탈출 게임에서도 너무 잘 보이는 단서는 미끼인 경우가 있으니까요.

텍스트와 독자 사이

추론적 독해 영역입니다.

텍스트를 바탕으로 해서 문맥에 맞게 추론하여 의미를 구성한 것입니다. 명확한 메시지는 보이지 않고, 여기저기 떡밥만 남은 경우가 있습니다. 그 떡밥들을 조합하면 글 전체를 아우르는 의미가 만들어지기도 합니다.

여기에서 합리적 추론인지 점검할 필요가 있어요. 1차 자료는 결국 텍스트에서 시작해야 합니다. 역사 연구에도 다양한 해석이 갈리곤 하지만, 시작은 결국 사료입니다. 기본 텍스트 속 앞 문단, 뒷 문단, 전체적인 구조와 맥락, 논조 등을 활용해 근거로 삼습니다.

텍스트 밖

글에서 다루는 주제 관련 배경 지식이 많을 때, 감이 쉽게 올 수 있어요. 밖에서 지원군이 오는 셈이에요.

상식 퀴즈라면 상관없지만, 감이란 글을 읽고 이해도를 점검하는 과정에서 조심해야 하는 반응입니다. 섣부른 자신감으로 글을 대충 읽을 수 있어요.

우선 글에 집중하여 핵심 메시지를 찾고 나중에 배경 지식을 활용하여 점검하거나 보완하면 좋아요. 낯선 주제를 만날 때보다는 더 자신감 있게 글을 읽을 수 있지요. 항상 과하지 않게, 텍스트와 독자 사이의 적정 거리를 유지해야 합니다.

칼럼계의 아이돌 김영민 교수님의 〈"추석이란 무엇인가" 되물어라〉 경향신문 칼럼을 함께 읽었습니다. 크게 세 단락으로 구분할 수 있어요. ①사람들은 위기의 순간에 정체성에 대한 근본적인 질문을 던진다. ②친구가 과거의 모습과 현재 모습이 충돌하며 혼란을 겪은 예, ③추석에 어른들이 근황을 물을 때, 근본적인 질문을 통해 자유를 얻은 예.

이 글은 생각의 출처에 따라 핵심 메시지가 달라집니다. [텍스트 안]에서 메시지를 그대로 뽑으면, '추석이란 무엇인가 되묻고 자유를 얻어라'가 됩니다. 제목과 마지막 문장을 참고하면 바로 인용하기 딱 좋죠. [텍스트와 독자 사이]에서 좀 더 고민하면 ①-②-③의 맥락에서 공통된 것을 찾습니다. 그것은 '위기의 순간에 나오는 정체성에 대한 질문'입니다. 위기의 순간이 무엇이냐, ②-③의 공통점으로 보면 과거와 현재의 충돌입니다. 시대가 달라지면서 생기는 갈등이에요. 이 위기를 극복하는데 정체성에 대한 질문이 도움이 될 수 있겠지요.

[텍스트 밖] 교수님의 다른 글에서 '○○란 무엇인가'라는 내용을 쉽게 발견할 수 있었다는 것은 이해에 도움이 됩니다. 신년 토론 방송에서 '○○란 무엇인가', '○○란 어디로 가는가' 등의 질문을 활용했다는 것을 알고 나면, 추석에만 해당되는 문제가 아니라는 것을 알 수 있습니다.

03 READING COMPREHENSION

심층적 의미 추론하기

숨은 단서를 찾기

문학 교과서 공부할 때를 떠올려 보세요. 해설서에 보면 '표면적 주제', '심층적 주제'라고 나뉘어 있는 것을 보았을 겁니다. 겉으로 쉽게 드러나는 주제와 조금 더 깊은 곳에서 파악할 수 있는 주제를 구분한 것이지요. 바로 빙산의 일각을 생각하시면 됩니다.

글에서 쉽게 드러나는 부분이 다가 아닌 경우가 많지요. 그럴 때 우리는 여러 요소를 활용해서 물속에 숨겨진, 심층적 의미를 추론해야 합니다. 코칭 때는 3단계 1층(표면), 지하 1층(심층), 지하 2층(뿌리)로 나누어 투표하기도 합니다. 단계적으로 생각하는 과정은 소중합니다. 깊은 생각은 중요하지만, 너무 깊으면 또 과잉 해석을 할 수 있으니 그 사이사이를 조율하는 과정이 필요합니다.

우선 질문하고, 생각을 열면 새로운 단서들이 보입니다. 표면적인 의미만으로 다 담을 수 없는 요소가 보이는 거죠. '이것만으로 설명이 되지 않는데…', 싶으면 관련된 추가 단서를 확보합니다. 넓은 시야를 가져야 합니다. 예를 들어 볼게요.

주장: 살짝 모호하고, 철학적인 면이 있음. 설명이 충분하지 않음.

〈예시 1〉: 명확하게 이해 잘 됨.

〈예시 2〉: 왜 이 내용을 가져왔는지 모르겠음.

이런 상황에서, 많은 사람은 〈예시 2〉를 무시합니다. 없는 취급하지요. 주장에서 부족한 부분이 있을 때, 〈예시 1〉을 바탕으로 어떻게든 의미를 만들어냅니다. 그렇게 해서 딱 맞아떨어지면 그나마 다행인데, 그렇게 만든 의미로 〈예시 2〉를 담지 못한다면 〈예시 2〉는 왜 넣었을까요? 주장을 더 쉽게 설명해주기 위한 것인데 말이지요.

그렇게 그냥 넘어가지 못하는 성격(?)을 가진 분은 〈예시 2〉를 해석하려고 노력합니다. 텍스트가 이해되지 않으니 배경 지식을 활용하지요. 온갖 배경 지식을 바탕으로 〈예시 2〉에서 의미를 찾긴 했는데, 주장, 〈예시 1〉과 잘 연결하는 것이 문제입니다. 또 다른 고비이지요.

현명한 방법은 텍스트 안 단서를 최대한 활용하는 것입니다. 단서에는 구조와 전략 모두 포함해야 합니다. 우선 주어진 단서는 주장, 〈예시 1〉, 〈예시 2〉가 있고, 이 셋의 구조적 관계가 있습니다. 여기서 〈예시 1〉만 명확하게 이해하는 것이 오히려 함정일 수 있어요. 명확하게 이해한 내용으로 나머지를 재단하려는 오류를 범하기도 합니다. 그 내용이 틀리진 않았어도, 글의 구조적 관계 속에서 다른 의미가 있을 수 있으니까요. 그래서 명확히 규정 짓기 전에 관계를 살펴봐야 합니다.

독자가 명확하게 이해할 수 있는 표면적 의미를 두고 진짜 하고 싶은 말은 모호하게 숨겨 놓은 뒤 다른 문단과의 맥락 속에서 드러나도록 합니다. 텍스트에 그대로 있고, 확실한 출처가 있지만, 그래서 표면적인 1층에 그치곤 합니다. 쉽게 얻은 것은 진정한 보석이 아니라 맛보기인 경우, 틀린 것이 아니라 표면적인 거지요. 이럴 때는 조금 더 오지랖을 부려서, 질문하며 읽어야 합니다. '이건 왜?'라고 파헤쳐서 문단별 관계를 통해 공통된 의미를 만듭니다.

- 반어법: 〈운수 좋은 날〉 현진건 / 〈즐거운 편지〉 황동규 / 〈태평천하〉 채만식
- 중의법: 〈그냥 하지 말라〉 송길영 / 〈정치에 반하다〉 김만권 / 〈시선으로부터,〉 정세랑

앞에서 제목이나 목차와 같은 표지를 활용하면 좋다고 했는데, 복잡한(?) 작품은 함정인 경우도 있어요. 유명한 반어법의 작품 제목들을 가져왔습니다. 〈운수 좋은 날〉을 보면서 운수 더럽게 없는 상황을 만나고, 〈즐거운 편지〉를 통해 슬픔을 맛보고, 〈태평천하〉를 통해 지옥 같은 삶을 경험하지요.

중의적인 제목도 있습니다. '그냥 하지 말라'가 아무것도 하지 말라는 뉘앙스도 있지만 여기선 '생각하고' 하라는 의미도 담습니다. 정치에 '반하다'도 사랑스럽게 반할 수 있고, 딴지를 걸며 반대할 수도 있습니다. '시선'에서는 김시선 할머니로부터 전해지는 이야기를 나타내고, 우리의 관념과 시각을 말하기도 합니다.

왜 이렇게 복잡하게 쓰냐고 할 수 있지만, 이것이 또 글을 읽는 맛입니다. 너무 티 나는 단서는 우리의 생각을 단순하게 제한하기도 하니 쉽게 단정하지 말아야 합니다. 티가 난다고 '팩트'라며 우위에 두는 경우가 있는데 주의해야 합니다. 심층적 메시지로 나아가기 위하여 보이지 않는 단서와 맥락, 구조와 관계도 파악해야 하지요.

방탈출 게임에서 너무 티나는 단서는 속임수인 경우가 있어요. 난이도가 어려운 방일수록 중요한 단서는 숨어 있습니다. 꼼꼼하게 살피며 이 문제를 해결하는 맛을 느껴 보세요.

퍼즐 조각 맞추고 해석 끌어내기

흩어진 단서들을 찾았다면, 퍼즐 조각을 맞추듯 연결합니다. 그 연결 속에서 좀 더 근원적인 메시지를 뽑아낼 수 있다면 추론은 성공입니다.

좋아하는 속담 중에 '장님 코끼리 만지기'가 있어요. 말 그대로 시각장애인들은 아주 제한된 상황에서 코끼리를 접하고, 파편적으로만 이해합니다. 하지만 시각장애인들이 모두 모여 의견을 나누고, 개인의 경험을 퍼즐로 삼아 입체적으로 연결한다면 코끼리라는 큰 그림, 심층적 의미에 다다를 수 있어요.

추리 게임하는 마음으로 문제에 접근하여 봅시다!

〈상황 1〉 회사에서 A가 B를 괴롭힙니다. 맨날 구박해요.

〈상황 2〉 회사에서 C가 B를 챙겨줍니다. 다정하게 보살펴줘요.

〈상황 3〉 밸런타인데이, A는 C에게 초콜릿을 선물합니다.

가벼운 예입니다. 이 세 가지 상황을 종합적으로 보면, 관계가 보입니다. 단순하게 표현하면 A는 B를 싫어하고, C는 B를 좋아하고, A는 C를 좋아합니다. 이 세 가지 상황의 조각을 맞추면 A가 B를 왜 싫어하는지, 괴롭히고 구박하는지 원인을 추론할 수 있습니다. A는 C를 좋아하는데, C가 B한테 잘해주니까 그 화풀이를 B에게 하는 것입니다. 삼각관계입니다!

대화에서도 이런 상황이 많아요. 아이에게 '가족 중에 누가 제일 좋아?'라고 물었을 때, '아빠, 아니야.', '엄마, 아니야'라고 합니다. 그럼 4인 가족이라고 했을 때 한 명만 남아요. 그 남은 퍼즐 '형'이 가장 좋아하는 가족입니다. 대놓고 말하진 않지만 다른 퍼즐들을 통해 추론할 수 있죠. 아주 간단한 예지만 글로 바꾸면 이런 식이에요. 다음은 가상화폐를 다룬 글 예시입니다.

〈문단 1〉 가상화폐는 혁신적인 문물이다. 블록체인 기술 최고다!

〈문단 2〉 일부 나라에서는 적극적으로 수용하고 있다. 만족도도 높다!

〈문단 3〉 혁신 기술을 외면해서 망한 기업들, 쇠퇴한 나라들의 사례가 많다.

〈문단 1〉을 읽고서는, 가상화폐 대단하구나! 생각할 수 있어요. 그리고 〈문단 2〉를 읽으면서, 실제로 이런 나라들도 있구나. 신기하네, 생각합니다. 〈문단 3〉을 읽으면서 역사 공부하는 마음으로, 이런 기업들과 나라들이 망했구나. 알 수 있습니다. 담백하게 정리하면 이런데, 이 퍼즐들을 조합하면 또 다른 의미가 생깁니다. 우선 퍼즐을 모아볼게요.

가상화폐, 혁신, 국가, 수용, 외면, 망한 기업, 쇠퇴한 나라.

〈표면(1층)〉 가상화폐는 혁신적인 문물이다.

〈심층(지하 1층)〉 우리나라도 다른 나라들처럼 가상화폐를 적극적으로 수용해야 한다!

〈뿌리(지하 2층)〉 우리나라 가상화폐 도입 안 하면 망할 수 있어! 빨리해!

설명문이라면 눈에 바로 보이는 1층에서 머물러도 되겠지만, 글의 논조 상 아쉬운 면이 있습니다. 지하 1층은 그럴듯한데, 조금 더 내려가 볼 수 있을 것 같아요. 지하 2층까지 갔더니, 살짝 과한 것 같습니다. 그럼 지하 1층에서 머물러도 됩니다. 과하지만 저것이 본질이라면 지하 2층까지 과감하게 가도 되고요. 이 정도는 유연하게 오갈 수 있습니다. 또 다른 예시를 살펴볼게요.

〈문단 1〉 지구온난화로 인해 해양 오염이 심해지고 있다.

〈문단 2〉 지구온난화로 인해 대기 오염이 심해지고 있다.

〈문단 3〉 맑은 물과 공기가 없는 환경에서 인간은 살기 힘들다.

〈문단 1〉을 읽고, 해양 오염 상황을 알 수 있어요. 〈문단 2〉를 읽고는 대기 오염 상황을 알 수 있습니다. 〈문단 3〉을 통해서는 물과 공기가 인간에게 중요하다는 것을 이야기합니다. 개별적인 의미를 바탕으로 퍼즐을 찾고 조립을 해볼게요.

지구온난화, 해양 오염, 대기 오염, 환경, 인간

〈표면(1층)〉 지구온난화로 인해 오염이 심해지고 있다.

〈심층(지하 1층)〉 지구온난화로 오염된 환경 속에서 인간은 살기 힘들다.

〈뿌리(지하 2층)〉 살고 싶다면, 인간들은 지구온난화 문제를 적극적으로 해결하여야 한다.

이 글을 쓴 것이 건조하게 우리에게 환경 오염 실태를 보여주는 것에 그친다면 1층이 적절합니다. 하지만 단순한 설명문을 넘어 우리에게 어떤 메시지를 주고자 한다면 지하 2층까지 내려올 수 있어요. 과감하게 우리에게 행동을 촉구하는 것이죠.

상황 맥락 파악하기

일상생활 속 대화 중에서도 우리는 의미를 감추고 의사소통을 하는 경우가 많습니다. 주변부를 건드리며 돌려 말하기도 하고, 비유해서 말하기도 하고, 유머러스하게 전달하기도 합니다. 이를 잘 알아채면 "센스 있다", "말귀를 잘 알아먹는다", "눈치 좀 있네"라는 말을 듣게 되죠. 반대로 잘 못 알아듣는 분들은 심한 스트레스를 받습니다. 그냥 직접 말하지, 왜 사람 피곤하게 하냐고, 음흉한 인간이라고 짜증 내기도 합니다. 예를 살펴볼게요.

〈대표〉 바쁘신가요?

〈직원 A〉 네! 엄청 바쁩니다!. 이것저것 하고 있습니다!

〈직원 B〉 괜찮습니다! 도와드릴 일 있나요?

〈직원 C〉 죄송합니다. 빨리 치우도록 하겠습니다.

〈직원 D〉 안 바쁩니다. 식사라도…….

위 대화에서 직원 A, B, C, D는 모두 다르게 대답했습니다. 그리고 네 가지 대답 모두 성립이 가능합니다. 질문한 대표의 의도에 따라서 말이지요. 그럼 대표는 어떤 의도로 질문했을까요? 이 부분만으로 알 수 없습니다. 그래서 우리는 위에서 알아본 '퍼즐 찾기'를 해야 합니다. 그 퍼즐은 주어진 상황을 통해서 추론할 수 있지요.

〈대표〉 바쁘신가요?

〈상황 1〉 오랜만에 회사 방문. 직원들이 열심히 일하는 모습 목격

〈상황 2〉 갑자기 중요한 문제가 생김. 급하게 업무를 부여해야 함

〈상황 3〉 이전에 지시한 업무가 아직 안 된 상태

〈상황 4〉 실적이 좋아서 포상하고 싶은 상황

주어진 상황을 바탕으로 의도를 추론해 봅시다. 〈상황 1〉 에서 대표의 질문 의도는 정말 순수한 궁금증이라고 할 수 있습니다. 오랜만에 회사에 와서 업무 파악이 덜 된 상황이에요. 그때는 지금 〈직원 A〉처럼 진행하고 있는 프로젝트에 관해서 설명하면 됩니다. 그럼 이어서 "아 그렇군요. 설명 감사합니다. 수고하세요"라는 반응과 함께 대화가 마무리될 거예요.

이어서 〈상황 2〉 때문에 많은 직원이 고민합니다. 다른 업무를 주려는 의도를 숨긴 질문일 수 있으니까. 숨은 의도 중에서 가장 두려운 의도지요. 방어적으로 〈직원 A〉처럼 대답할 수도 있고, 센스 있게 〈직원 B〉처럼 반응할 수도 있습니다.

〈상황 3〉도 무서운 의도가 담겨 있습니다. 돌려서 말하지만 결국 꾸짖는 뉘앙스가 담겨 있어요. 〈직원 B〉나 〈직원 D〉처럼 반응하면 그 시간에 열심히 일하라는 잔소리를 들을 수 있습니다. 정말 바쁘다고 하거나, 양해를 구하는 게 낫습니다.

〈상황 4〉는 행복한 의도가 담긴 순간입니다. 이때 〈직원 A〉처럼 반응하면 회식이 날아갈 수 있어요. 눈치껏 〈직원 D〉처럼 반응하면 포상을 제대로 누릴 수 있습니다.

〈상황〉 부부가 함께 드라마를 보고 있다.

〈부인〉 여보, 저 주인공 배우랑 나랑 누가 더 예뻐? 진짜로?

〈남편 A〉 저 배우가 예쁘지! 세계적인 스타인데!

〈남편 B〉 당연히 여보가 예쁘지! 비교도 안 돼!

물론 정답이 있는 상황은 아니지만, 우리가 공감하고 웃으며 이런 개그를 보는 이유는 질문의 숨겨진 의도 때문입니다. 비교하며 궁금한 듯이 물어보았지만, 실제로는 궁금하지 않지요. 듣고 싶고, 확인하고 싶었던 내용이 있는 질문이었습니다. 거기서 100% 사실에 근거하여 대답한들 의미가 없습니다. 텍스트에서 그대로 발췌한다고 능사가 아닌 이유입니다.

광고나 마케팅에서도 함축적 의미를 많이 활용합니다. 겉으로 드러나는 의미와 다르게 숨겨진, 의도하는 바가 따로 있지요.

A: 요즘 어떻게 지내냐는 친구의 말에 그랜저로 답했습니다.
(현대 자동차)

B: 알바가 갑이다 (알바몬)

C: 1인용 흡연은 없습니다. (공익광고협회)

A 광고는 그대로 보면 동문서답처럼 느껴집니다. "어떻게 지내?"라고 물으면 "잘 지내!", "살만해.", "힘들어." 등등의 답변이 떠오릅니다. 그 답변들 대신에 자동차를 보여주며 답변하지요. 여

기에 담긴 의도는 무엇일까요? 심리적으로 '나 요즘 잘 지내! 잘 나가!'라는 대답을 하고 싶을 겁니다. 그때 그랜저를 척! 은근히 자랑할 만한 정도로 그랜저가 고급스러운 이미지라는 것을 강조하는 거지요. '그랜저 타고 다니면 잘 나가는 것처럼 보일 겁니다! 얼른 사세요!'라는 말을 이렇게 돌려서 표현한 것이지요.

B 광고는 살짝 논란이 있었던 광고이기도 합니다. 갑질은 사회적으로 유리한 위치에 있는 자가, 자신의 지위를 이용해 상대를 강압적으로 조종하거나 괴롭히는 것을 말하는데요. 계약의 관계에서 갑과 을은 상대적으로 우위에 있는 자를 갑이라고 합니다. 그럼 아르바이트생이 갑이다, 라고 했을 때 자연스럽게 을은 누구일까요? 여기서는 아르바이트생을 고용한 사장님들이라고 할 수 있어요. 그렇다고 아르바이트생이 갑이니까 사장님들에게 갑질하자! 이렇게 1차원적으로 해석하면 안 됩니다. 아르바이트생이 자신들의 권리를 찾지 못하는 상황이 많으니, 아르바이트생도 권리를 누릴 수 있도록 챙겨주는 플랫폼이 되겠다는 의미입니다.

C 광고는 조금 낯선 표현으로 시작하며 우리의 생각을 뒤엎습니다. 1인용 흡연이 무슨 말일까요? 잘 쓰지 않는 말입니다. 의미상으로 담배는 대부분 혼자 피우니까 당연히 1인용, 개인용이라고 할 수 있는데, 이를 부정합니다. 결국, 모든 흡연은 누군가에게 간접흡연의 피해를 주기 때문에 1인용이 아니라 다인용이라는 의미입니다. 이렇게 새로운 정보를 알려주면 끝일까요? 심층적 의미

파악을 위해서는 한발 더 나아가야 합니다. 결국, 타인에게 피해 주는 담배를 피지 말아라, 끊어라, 권고하는 의미입니다.

이렇게 일상 속 대화, 광고 메시지를 통해서 심층적 의미 찾기 연습을 했습니다. 정말 곳곳에 숨어 있지요. 긴 글, 책은 더 많은 상황과 맥락을 고려해서 단서 퍼즐을 찾아야 합니다. 그런 의미에서 청소년 문학 수업 때 코칭한 내용을 추가로 담겠습니다. 답을 찾기보다 생각을 깊이 자극하는 과정입니다.

이희영이 저술한 《페인트(2019)》는 자녀 출산과 양육을 꺼리는 미래를 배경으로 합니다. 국가가 운영하는 NC 센터에서는 부모로부터 버림받은 아이들을 양육한 후, 특정 시기에 진행하는 부모 면접(Parent's interview, 페인트)을 통해 가족을 형성하도록 합니다. 이 NC 센터에서 부모 면접을 보는 주인공과 아이들, 그리고 이를 도와주는 매니저의 이야기가 담겨 있습니다.

- 제목과 소재: 페인트, 부모 면접, 가족, NC 센터, 아이들
- 표면적 메시지: 좋은 부모를 잘 선택하는 것이 중요하다!
- 질문: 이 메시지가 담지 못하는 부분이 있는가?

  결말에서 주인공이 부모 면접을 거부하는데… 이해가 안 됨.

• 숨은 단서 찾기:

1. 주인공 부모 면접 거부

2. 친구 중 부모 면접에 성공했지만, 다시 복귀한 예도 있음

3. NC 센터의 매니저도 친부모와의 관계가 좋지 못함

4. 페인트는 부모 면접의 약자 말고, 스스로 색칠한다는 의미도 있음

• 퍼즐 조각 맞추기:

부모를 선택하는 면접도 중요하지만, 가족이 전부가 아님

자신의 삶을 선택하는 태도가 중요

• 심층적 메시지: 나의 미래는 내가 선택한 색깔로 칠한다!

유은실이 저술한《순례 주택(2021)》은 순례 할머니가 주인인 순례 주택에 사는 사람들의 이야기를 담고 있습니다. 주인공 수림이는 아파트에 사는 친가족보다 순례 주택 주거민과 더 친하게 지냅니다. 온실 속에 화초같이 지내던 수림이네 집이 망하고 식구들도 순례 주택에 함께 살게 되는데요. 색다른 환경 속에 적응하는 과정에서 다양한 에피소드가 펼쳐집니다.

• 제목과 소재: 순례주택, 가족, 이웃, 집, 관계

- 표면적 메시지: 순례 주택 사람들처럼 사이좋게, 행복하게 살아야 한다!
- 질문: 이 메시지가 담지 못하는 부분이 있는가?

  할머니 이름이 순례이고, 주택 이름도 순례인데, '순례' 의미가 잘…?
- 숨은 단서 찾기:

  1. 순례 할머니가 이름을 바꿈(한자 뜻 변경)
  2. '관광객은 요구하고, 순례자는 감사한다' 문장 반복 등장
  3. 어른에 관한 이야기가 자주 나옴
  4. 이미 어른인 사람들도 사는 방식의 차이가 있음
- 퍼즐 조각 맞추기:

  뭔가 요구하는 것보다 감사하고 독립적인 할머니와 수림의 모습 진짜 어른, 성숙한 어른에 대한 고민이 담겨 있음.
- 심층적 메시지: 자기 힘으로 살아보려는, 성숙하고 독립적인 어른이 되자!

룰루 밀러가 저술한《물고기는 존재하지 않는다(2021)》는 자연계에 질서를 부여하려는 19세기 한 과학자의 삶을 보여줍니다. 삶 속에서 물고기가 존재하지 않는다는 과학적 진실을 알려주며, '우리는 또 무엇을 잘못

알고 있을까?'라는 질문을 던집니다. 독자들의 기존 관념에 충격을 주며 새로운 시야로 세상을 볼 수 있도록 이끕니다.

- 제목과 소재: 물고기는 존재하지 않는다, 과학, 분류학자, 질서
- 표면적 메시지: 물고기는 존재하지 않는다
- 질문: 이 메시지가 담지 못하는 부분이 있는가?

  숨어 있는 삶의 질서에 관한 것은 무엇이 있을까?
- 숨은 단서 찾기

  1. 부제목에 나오는 삶의 질서란 거시적 개념
  2. 긴 분량의 프롤로그 속 질문
  3. 주 인물인 과학자의 삶에 대한 반전 충격
  4. 에필로그에서 밝히는 저자의 비밀
- 퍼즐 조각 맞추기:

  물고기가 존재하지 않는다는 내용은 사람들의 관심을 끄는 일부분

  물고기 외에도 우리가 믿고 있던 삶의 질서에 대한 질문
- 심층적 메시지: 우리가 믿고 있던 삶의 질서를 다시 바라보자

[코칭 이야기 5]

심층적 의미 영역

Q. 핵심이 모호할 때?

기본적으로 심층적 의미를 파헤치는 텍스트는 난해합니다. 일부러 그런 텍스트를 고르기도 하지요. 그래서 읽기 코칭 과정 후반에 진행합니다. 앞 과정에서 잘하다가, 난도를 올리면 턱 막히는 분이 있어요. 3번 이상 피드백이 오가면, 슬슬 날카로워집니다. 그러면서 나오는 말 중 하나가 '읽기에 답이 있나요?'입니다.

정답은 아니지만, 합의점은 있습니다. 그래서 코칭 때 집단지성을 강조합니다. 10명 이상의 사람들이 함께 읽고 고민한 결과물을 다시 분류해서 최종안을 고민해요. 만장일치가 되는 경우는 거의 없지만, 공통의 울타리는 마련됩니다. 그 안에서 1층, 지하 1층, 지하 2층으로 나누어 또 고민합니다.

최소한의 목표는 작가의 말에 동문서답하지 않는 것입니다. 작가의 메시지, 합의된 과정도 없다고 하면 계속 불통의 시대를 살아갈 수밖에 없어요. 수학처럼 정답을 맞히는 것이 아니라, 대화 속에서 상대방을 이해하기 위한 노력이라고 생각하세요. 포기하지 않는 것이 중요합니다.

Q. 주관적 생각이 강하게 들 때?

저의 첫 책과 두 번째 책은 '나'를 중심으로 하는 주관적 읽기를 굉장히 강조했습니다. 좋은 부분이라고 생각해요. 하지만 기반이 부실한 주관적 해석과 상상은 위험하다는 것을 깨달았고, 지금은 기초 이해를 강조하고 있습니다. 이해가 힘들 때 엉뚱한 생각으로 위기를 모면하려는 상황도 많이 보았어요.

실제로 웹 소설 작가 지망생분을 코칭한 적이 있었는데, 요약을 정말 힘들어했어요. 유려한 문체로 새로운 이야기를 쓰곤 했습니다. 텍스트를 기반으로 한 사고가 약하니, 다양한 글을 읽기 힘들어했고 정리는 더 난관이었습니다.

우선 비문학 읽기에서 추론의 근거는 항상 텍스트를 바탕으로 해야 합니다. 합리적 추론이란 말이 어렵긴 한데, 문학적 상상력과는 다릅니다. 적절한 긴장의 줄다리기를 유지하는 것이 중요해요. 주관적 생각의 순서만 살짝 뒤로 미루어 주세요. 다음 단계에서 맘껏 펼치세요.

Q. 더 깊~은 생각을 하고 싶을 때?

많은 분이 깊은 이해가 좋은 것으로 생각해요. 물론 깊이 사고하는 과정은 매우 좋은 것입니다. 표면적인 의미에 그치지 않고 한 걸음씩 더 나아가 보는 태도는 매우 훌륭해요. '심층적 의미'를 파헤치기 위해서는 참견쟁이가 되어야 합니다.

하지만 참견이 과하면 불협화음이 생기죠. 적당한 선이 있어야 합니다. 그래서 1층과 지하 1층, 지하 2층을 나눕니다. 지하 10층까지 나누지는 않아요. 지하 10층까지 가더라도, 되돌아올 수 있어야 해요. 지하 1층에서 끝나는 예도 있고, 굳이 지하까지 갈 필요가 없는 글도 있습니다. 텍스트에 맞게 선을 지키는 것이 중요합니다.

01 자유롭게 감상을 나누기

02 비판적으로 접근하기

03 창의적으로 제안하기

04 질문하며 읽기

05 삶에 적용하기

[코칭 이야기 6] 주관적 감상 영역

제6장

나만의 생각을 더하는 법

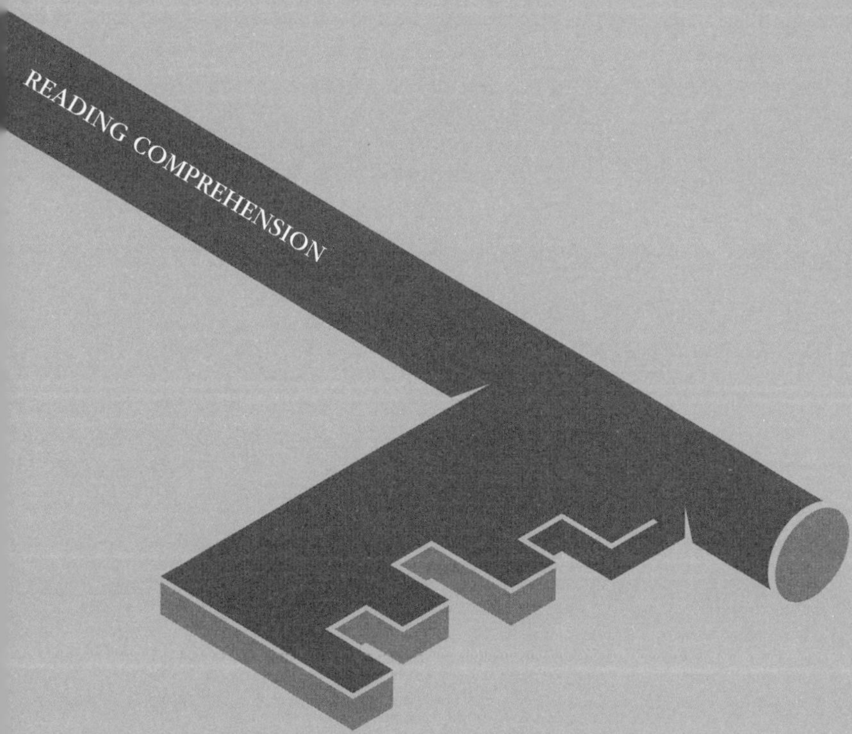

나만의 생각을 더 하는 법

READING COMPREHENSION

잘 이해한 내용을 바탕으로 내 생각을 더 하고, 새롭게 의미를 구성하는 법을 알아보겠습니다. 우리가 글을 읽는 궁극적인 목적은 텍스트의 정확한 이해를 넘어, 인생을 풍요롭게 살기 위함입니다.

01 READING COMPREHENSION

자유롭게 감상을 나누기

앞에서 읽기를 대화에 비유했습니다. 지금까지 글을 제대로 이해하는 법, 잘 듣는 법을 공부했다면, 이번 장은 잘 이해한 내용을 바탕으로 내 생각을 더하고 새롭게 의미를 구성하는 법을 알아보겠습니다. 우리가 글을 읽는 궁극적인 목적은 텍스트의 정확한 이해를 넘어, 인생을 풍요롭게 살기 위함입니다. 그러니 한발 더 나아가 보겠습니다.

5장에서 객관과 주관을 분리하는 과정을 알아보았습니다. 주관을 버리라는 것이 아니라, 분리하라고 했었죠. 그때 분리한 주관을 여기에서 마음껏 활용하면 됩니다. 단순한 인상적 비평(재미있다, 별로다)부터 공감의 여부, 독자 경험과 연결, 특정 부분에 집중한 인상 깊었던 장면까지. 모두 가능합니다. 치밀한 근거를 대지 않아도 되니 마음 편하죠.

- 전체적인 감상: 정말 재미있고 유익했어요!
- 공감 여부: 건강한 미디어 생활이 정말 중요한 것 같아요!
- 경험과 연결: 영화 토론 모임 해봤는데, 정말 좋았어요.
- 인상 깊었던 장면: 우리 애가 게임 중독이라서 미치겠어요.

- 전체적인 감상: 유익하긴 했는데, 딱딱했어요.
- 공감의 여부: 글쓰기는 몰라도 독서는 그냥 즐기면 좋겠어요.
- 경험과 연결: 우리 아이들도 글쓰기를 어려워해요.
- 인상 깊었던 장면: 미디어를 활용한 독서지도, 새로웠어요.

글을 읽고 핵심 키워드를 뽑고, 요약하고, 핵심 메시지를 정리한 후에 꼭 주관적 감상을 덧붙이도록 합니다. 유명한 작가님이지만 자신과 정말 맞지 않는다는 분도 있고, 글이 정말 재미있어서 두세 번 읽었다는 분도 있습니다. 새로운 주제에 관한 관심이 생겨서 이것저것 더 찾아보았다는 감상을 보면 괜히 뿌듯하기도 해요.

가장 의미 있는 것은 자신의 경험을 풀어내는 것입니다. 가상화폐 관련 글에서 투자 실패한 경험담을 담기도 하고, 추석 이야기를 다룬 글에서 직접 당한 친척 에피소드를 풀어내기도 합니다. 청년 문제에 관한 이야기를 읽고 진로 고민을 풀어 놓는 사람도 여럿 있었어요. 다 의미 있는 순간입니다.

문유석의 칼럼 〈전국의 부장님들께 감히 드리는 글〉은 직장 상사인 부장님들에게 꼰대 짓을 하지 말라는 내용의 글입니다. 1. 저녁 회식하지 마라. 2. 부하 직원의 실수를 발견하면 알려주되 잔소리는 하지 마라. 3. 성추행하고 술 핑계 대지 마라. 4. '내가 누군 줄 알아' 하지 마라. 4가지를 이야기합니다.

- 전체적인 감상: 통쾌하고 재밌어요. | 나도 부장인데…. 씁쓸해요.
- 공감 여부: 저녁 회식하지 말라는 말에 정말 공감했어요. 집에

가서 쉬고 싶어요! | 저녁 회식을 좋아하는 처지에서 비공감이요. 사람들과 편하게 대화할 수 있어요.

- 경험과 연결: 상사가 술버릇이 나빠서 불편해요. 회의 시간 내내 잔소리하느라 일을 못 하겠어요. 술을 못 먹는데 회식을 자주 해서 불편해요.
- 인상 깊었던 장면: 술 먹고 성추행하는 것은 범죄라는 것을 꼭 알아야 해요. '나 때는 말이야~' 하지 않도록 조심해야겠어요.

은서기의 칼럼 〈디지털 화폐의 등장, 가상화폐의 운명〉은 화폐의 역사를 바탕으로 가상화폐, 중앙은행 디지털 화폐의 주도권을 이야기하는 글입니다. 돈 문제를 다루고 있어 여러모로 뜨거운 반응이 나왔습니다.

- 전체적인 감상: 화폐의 역사를 다룬 면에서 경제 공부하는 마음이 들어 유익했어요.
- 공감 여부: 세상이 디지털 시대로 변하고 있다는 것에 공감했어요. | 가상화폐는 아직 위험하다고 생각해요. | 중앙은행 디지털 화폐(CBDC)는 좀 믿음직한 것 같아요.
- 경험과 연결: 가상화폐 투자 실패 경험이 있어서, 거리를 두고 있어요. | 뉴스나 교양 강의에서 보면 미래 지향적인 것 같긴 하더라고요.

- 인상 깊었던 장면: 화폐의 역사를 보니 우리의 역사 같기도 해요. 너무 빨리 변해서 씁쓸해요. | 다른 나라들이 이미 CBDC에 적극적이라는 것이 신기했어요.

02 READING COMPREHENSION

비판적으로 접근하기

완벽한 글은 없습니다. 이해한 것을 바탕으로 계속 질문하고 점검하면서 더 좋은 해석을 끌어낼 수 있습니다. 글쓴이의 권위에 눌려서 아무 말도 못 하는 분이 많은데, 그럴 필요 없습니다.

비판적 사고라고 하면 비난과 연결 지어 부정적인 이미지를 떠올리는 분들이 많습니다. 하지만 비판은 반성의 사고에서 비롯된 것이에요. 자신을 점검하는 행위입니다. 비판적 사고에 대한 미국 철학협회의 정의를 소개합니다.

> 해석, 분석, 평가, 추론을 산출하는 의도적이고 자기 규제적인 판단인 동시에 그 판단에 대한 근거가 제대로 돼 있는지, 또한 개념

적, 방법론적 또는 맥락적 측면들을 제대로 고려하고 있는지에 대한 설명을 산출하는 의도적이고 자기 규제적인 판단

상대방을 공격하기 위한 행위가 아니라, 스스로 점검하기 위해 더 꼼꼼하게 살피는 것입니다. 글을 비판적으로 읽는 것도 마찬가지입니다. 글쓴이를 공격하는 것이 아니라, 글쓴이에게 현혹당하지 않기 위한 자기 규제적인 행위입니다. '당연한 것은 없다!' 는 생각으로 기존 판을 뒤흔드는 적극적 사고 행위입니다.

글쓴이가 잘못된 내용을 썼는데 그것을 그대로 받아들이면 '무비판적' 수용이 됩니다. 잘못된 내용을 발견하고 수정해서 제대로 받아들이면 비판적인 수용이 되는 것이에요. 그런 의미에서 평론가가 되어 글을 평가하기도 하고, 판사가 되어 판단하기도 하고, 일부러 반대하는 처지가 되어 딴지를 걸기도 합니다.

자연스럽게 떠오르지 않는다면 의도적으로 몇 가지 형식을 정하여 내용을 채우는 방법도 있어요. 글감을 쥐어짜는 거죠. 글쓴이의 생각에 동의하는지, 그 이유는 무엇인지, 글에서 활용한 전략은 적절했는지, 제시한 근거는 타당했는지, 반대 관점에서 딴지를 건다면 어떻게 바라볼 수 있을지 등등 입체적으로 바라보며 비판적 사고를 기릅니다.

- 동의 여부: 유·초등 교육이 중요하지만, 인생 결정까지는 오버

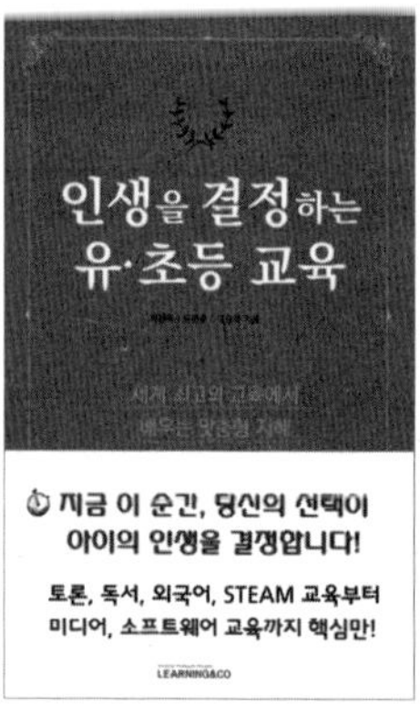

인 듯해요.

- 전략 판단: 세계 여러 나라의 성공 사례를 나열하는 것보다 우리나라와 구체적으로 비교하고 차이점을 보완하는 방식이 더 도움 되었을 것 같아요.
- 근거 점검: 일부 외국 사례 중심이라 근거가 부족했어요.
- 반대 견해: 소개된 나라들과 결이 다른 북유럽 국가들도 많아요. 그들의 처지에서 조기 교육은 불행의 근원이 아닐까요.

- 동의 여부: 미디어를 읽는다는 관점은 신선했어요.
- 전략 판단: 쉽고 재미있는 사례들이 많아서 좋았는데, 최신 사례가 부족한 부분도 있어요.
- 근거 점검: 나를 중심으로 읽는 것에 대한 긍정적인 면과 부정적인 면 모두 다루면 좋았을 듯해요.
- 반대 견해: 나를 중심으로, 읽으면 오히려 편협해질 듯합니다. 우리 사회, 타인을 중심으로 보는 넓은 시야가 필요해요.

최인철의 칼럼 〈내성적인 사람이 온다〉는 기존 외향성의 제국에서 코로나 19 사회적 거리 두기로 인해 내향적인 사람들의 시대가 왔다는 응원의 글입니다. 심리학 관련 내용은 사람들의 공감대를 이끌기 좋아요.

- 동의 여부: 내성적인 사람 관점에서 완전히 공감하는 글이었어요. | 기존 세상이 외향성의 제국이라는 전제로 글이 시작되는데, 여기서부터 동의하지 않아요.
- 전략 판단: 선동하는 듯한 도발적인 언어를 사용한 전략이 불편해요. | 강력한 응원의 메시지가 전달되어 울컥했어요.
- 근거 점검: 내향성과 외향성의 기준이 모호해요. | 사회적 거리 두기로 인해 두 성향이 어떻게 달라졌는지도 명확하지 않아서 아쉬워요.
- 반대 견해: 내향성과 외향성을 나누어 편 가르는 것은 의미 없어요. | 사회적 거리 두기로 인해 내향성이 더 행복해진 것 같지 않아요. 다 같이 힘들잖아요.

최진석의 칼럼 〈지적 호전성〉은 우리가 좀 더 주체적이고 호전적인 태도로 삶을 살아가길 권하는 글입니다. 철학 교수님의 글답게 읽기 쉽지 않았다는 반응이 많았어요.

- 동의 여부: 지적 호전성이란 개념이 좋네요. 조금 더 적극적이고 주체적으로 배우는 삶을 살아야겠어요.
- 전략 판단: 기존의 관념을 재개념화하여 글이 신선하게 와닿았어요. | 낯설게 하려는 의도는 알겠지만, 도덕 지향적인 삶을 부정적으로 묘사한 것은 아쉬웠어요.
- 근거 점검: 오타쿠 이야기, 공자의 예시와 미네르바의 예시는 주장하는 바에 적합한 것 같아요. | 세종대왕의 예시는 잘 와닿지 않았어요.
- 반대 견해: 우리는 우리만의 민족성이 있어요. 겸허하게 서로 배려하며 체면을 지키는 모습은 나쁜 것이 아니에요. 굳이 서양의 호전적인 모습을 지향할 필요가 있을지 의문이에요.

03 READING COMPREHENSION

창의적으로 제안하기

읽기는 또 다른 읽기를 부릅니다. 그리고 쓰기와도 깊이 연결되어 있어요. 그런 의미에서 글에 무언가를 제언하는 마음으로 생각을 더해 봅니다. 창의적인 생각을 유도하고, 또 다른 가능성을 열어갈 수 있지요.

실제로 논문에서는 마지막에 추가 연구를 제언하는 경우가 많습니다. 이번 논문에서 이런 점이 부족했는데, 다음 연구에서 누군가 해주면 좋겠다는 거죠. 텍스트를 새롭게 확장하는 창의적 읽기는 지금 이 시대에 꼭 필요한 능력입니다.

- 보중하기: 스마트폰 중독을 독서율 하락의 이유로 추가해요.
- 또 다른 해결책: 독서교육 활성화에 한자 교육을 추천해요.
- 다르게 접근: 실제 수업 사례가 더 많으면 좋겠어요.
- 이후 글 제안: 바로 활용 가능한 워크북이 있음 좋을 듯해요.

- 보충하기: 14권, 너무 많은 책을 다루고 있으니 좀 줄여요.
- 또 다른 해결책: 독서 토론하는 마음이 들도록 그림을 추가해요.
- 다르게 접근: 참여하는 형식에 QR 코드를 넣어요.
- 이후 글 제안: 문학 말고 비문학도 있으면 좋을 거 같아요.

많은 분이 '무엇을 써야 할지 막막하다'라고 말합니다. 글감 찾기를 힘들어하지요. 그럴 때는 한 편의 글을 읽고, 그 주제에 대해 고민합니다. 읽기에서 글감을 빌려 오는 거죠. 간단한 질문 카테고리를 만들고 거기에 대답하는 형식으로 칸을 채워나갑니다. 인터뷰한다고 생각해도 됩니다. 그렇게 답변을 채우다 보면 짧은 글이 만들어지고, 그 글을 엮으면 긴 글을 완성합니다.

글을 읽고 뭔가 아쉽다고 느낄 때, 이런 부분을 보완하면 좋겠다고 생각했을 때, 그런 책이 없으면 자신이 직접 쓰면 됩니다. 디지털 전환 시대에 IT를 공부하는 분이 많아요. 대부분 이공계 기반 책이 많아서, 독학하는 분들에게 장벽이 있습니다. 그래서 요즘은 문과생이 독학하며 익힌 IT 내용을 책으로 내거나, 일하면서 배운 경험과 내용을 정리해 SNS에 주기적으로 연재하는 분이 있습니다. 필요가 발명을 부르는 것이죠.

제안을 통해 새로운 이야기를 만드는데, 문학적 상상력이 빠질 수 없습니다. 《토끼와 거북이》를 읽고 뒷이야기를 상상하다 유설화 작가는 《슈퍼 거북》 책을 만들었고, 《슈퍼 토끼》 작품도 이어서 탄생했습니다. 《아기 돼지 삼 형제》를 본 존 셰스카 작가는 늑대의 처지에서 본 《늑대가 들려주는 아기 돼지 삼 형제 이야기》로 재창작했으며, 배유안 작가는 《심청전》을 읽고 뺑덕어멈의 관점에서 다시 접근하여 《뺑덕》를 재탄생시켰으며, 정해왕 작가는 《뺑덕의 눈물》을 발표했지요. 이 또한 신선했습니다.

전승표의 칼럼 〈니트를 새 시각으로 봐야 할 때〉는 청년 문제에 대한 기존 편견을 뒤엎고 새 시각으로 보자고 제안하는 글입니다.

기존 시각과 새 시각 사이 격차, 해결책에 관한 생각 등이 나뉘었어요.

- 보충하기: 기성세대와 청년 사이의 갈등처럼 느껴지는 부분이 아쉬웠어요. 같은 세대 중에서도 다르게 생각하는 사람이 있으니 복합적인 목소리를 들어보면 좋을 것 같아요.
- 또 다른 해결책: 글에 제시된 청년 문제 해결책은 사기업이나 정부의 주도하에 이루어졌다면, 청년 개인들이 구성하는 해결책을 생각해보고 싶어요.
- 다르게 접근: 시각을 바꾸려면 구조적 문제를 먼저 바꿔야 할 것 같아요. | 청년 문제는 계속 있었는데, 니트라고 이름을 새로 짓는 것이 불편해요.
- 이후 글 제안: 해외 청년들의 모습이 궁금해요. 문제 극복 사례, 성공 사례를 모아서 아이디어를 공유하면 좋겠어요.

이중민의 칼럼 〈메타버스 중독〉은 메타버스 열풍에 중독된 사람들의 모습을 우려하며, 환상에서 깨어나라고 이야기하는 글입니다. 그리고 콘텐츠 경쟁력을 키워야 한다는 대안을 제시해요. 메타버스라는 최신 키워드에 대한 사람들의 관심이 많았어요.

- 보충하기: 메타버스, NFT, P2E, 게임 등의 새로운 디지털 개념들을 체계적으로 이해하기 위한 설명이 추가되면 좋겠어요.

- 또 다른 해결책: 콘텐츠 경쟁력을 키우기 위해서는 투자가 필요해요. 그 투자는 비즈니스 모델이 갖추어져야 가능합니다. 결국, 산업 기반을 다지는 것이 우선이라고 생각해요.
- 다르게 접근: 메타버스에서 생활하지 말고, 현실을 살아갑시다. | 어느 순간 스마트폰이 일상화된 것처럼, 어느 순간 메타버스가 자연스럽게 일상화되지 않을까요.
- 이후 글 제안: 이런 최신 트렌드는 후속 기사가 계속 필요해요. 지금의 메타버스 반응은 어떤지 궁금해요. | 게임에 대한 예를 많이 들었는데, 다른 산업과의 융합 사례가 궁금해요.

04 READING COMPREHENSION

질문하며 읽기

질문은 사람을 능동적으로 만듭니다. 그리고 스스로 답을 찾도록 이끌지요. 그래서 질문하면서 글을 읽으면 더 적극적으로 의미를 구성하며 생각합니다. 생활 속에서 물음표로 끝나는 문장을 만드는 습관을 지녀야 해요. 그렇지 않으면 모두 닫힌 문장으로 끝납니다.

김영하 작가의 《여행의 이유》를 읽고 생각합니다. 작가님은 이런 이유로 여행을 다니시는구나. 이것을 질문으로 바꾸면 '작가님, 여행의 이유는 무엇인가요?' 또, 확장하면 '사람들이 여행하는 이유는 무엇인가요?' 나아가서 '내가 여행을 다니는 이유는 무엇일까?' 이렇게 꼬리를 물며 질문할 수 있습니다.

정재승의 칼럼 〈워라밸에서 바브벨 시대로〉는 아날로그의 반격 현상을 다룬 글입니다. 이 현상이 나타난 이유에 대한 여러 가지 가설을 나열하고 있어요. 그중 작가가 가장 지지하는 가설이 바브벨, 뇌와 몸의 균형입니다.

이 글을 읽고 여러 가지 질문을 할 수 있어요. '아날로그의 반격 현상을 경험한 적이 있나요?'라고 물으면 옛날 패션을 따라 하고, LP판으로 음악을 듣는 등 자연스럽게 배경 지식을 활성화합니다. 혹자는 아날로그와 디지털의 차이가 무엇인지, 아날로그의 특성이 무엇인지 새롭게 탐구해요.

'이런 아날로그의 반격 현상이 왜 생길까요?'라는 질문이 이 글의 핵심이라고 할 수 있어요. 책에 나오는 가설들을 하나씩 논파하는 맛이 있습니다. '복고의 귀환 때문일까요?', '디지털 문화에 대한 반동일까요?', '사회성 증진을 위한 것일까요?', '뇌와 몸의 균형을 이루기 위함일까요?' 하나씩 물음표에 대해 고민해보면서 생각을 더 해볼 수 있습니다. 작가가 밀고 있는 '바브벨'과 생각이 다른 분들도 많았어요.

문유석의 칼럼 〈만약 인공지능이 재판한다면〉은 사람들의 사법 불신 문제를 이야기하며, 인공지능 판사에 대한 가정으로 글을 시작해요. 하지만 분명한 한계와 함께 인간적인 판결에 대한 필요성을 이야기하며 마무리합니다.

이 글 자체가 질문으로 시작해요. "지금 판결들이 마음에 안 든다! 판사를 인공지능으로 대체하자!" 이 생각을 그대로 질문으로 바꾸면 '만약 인공지능이 재판한다면?' 그리고 상상합니다. 추가 질문도 만들 수 있어요. '만약 인공지능이 정치한다면?'. '만약 인공지능이 교육한다면?' 등등. 상상력을 자극하는 질문은 또 다른 창작을 부릅니다.

내용에 대해 비판적으로 접근하면, '사람들이 정말 인간적인 판결을 원할까요?', '과학기술이 발달하면 기계적이라는 한계를 극복할 수 있을까요?', '사람과 인공지능이 협업하는 방향은 무엇일까요?' 등의 질문을 던질 수 있습니다. 작가의 전제를 뒤흔들며 날카롭게 생각합니다.

처음부터 질문을 자유롭게 만들기 힘드니, 여러 글에 공통으로 적용하는 몇 가지 패턴 질문을 공유하겠습니다. 체크리스트처럼 활용할 수 있어요.

영역	질문
어휘	모르는 어휘는 무엇이 있나요? 중요하게 생각하는 어휘는 무엇인가요? 새로 알게 된 개념어가 있나요?
배경 지식	글에서 다루는 주제에 대해 얼마나 알고 있나요? 글에 주제와 관련 있는 다른 콘텐츠는 무엇이 있나요? 글을 읽고 더 알고 싶은 주제가 생겼나요?
문법	읽어도 이해가 안 되는 문장이 있나요? 주어와 서술어를 찾기 힘든 문장이 있나요?

〈표〉 이해력 질문

영역	질문
제목	글의 제목과 내용은 어떤 관계가 있나요?
키워드	글에서 반복되는 어휘는 무엇이 있나요?
구조	글이 전개되는 구조는 무엇인가요?
전략	글에서 자주 활용되는 전략은 무엇인가요?
주제	글에서 다루는 소재/주제는 무엇인가요? 겉으로 드러나는 핵심 메시지는 무엇인가요? 글쓴이가 진짜로 하고 싶은 말은 무엇인가요?

〈표〉 작품 분석 질문

영역	질문
작가	작가는 어떤 경력을 가지고 있나요? 작가의 다른 작품은 무엇이 있나요?
배경	어느 시대를 배경으로 하고 있나요? 어느 장소를 배경으로 하고 있나요?
작품	어떤 메시지를 전달하고 있나요? 새로운 정보/개념을 전달하고 있나요?
독자	전체적인 감상/인상 깊은 장면은 무엇인가요? 읽기 전과 읽기 후, 달라진 점이 있나요? 내 삶에 적용할 부분 한 가지만 고른다면?

〈표〉 입체적 질문

영역	질문
문제	어떤 문제를 다루고 있나요? 그 문제의 원인은 무엇인가요? 그 문제로 인한 피해는 무엇인가요?
해결	문제를 해결하는 방법은 무엇인가요? 문제를 해결하는데 제한되는 요소는 무엇인가요? 새롭게 제시하고 싶은 방법이 있나요?

〈표〉 문제와 해결 질문

05 READING COMPREHENSION

삶에 적용하기

글을 이해하고, 공감과 비판을 했으면 마지막으로 삶에 적용합니다. 좋은 면은 그대로 실천해보고, 안 좋은 면은 타산지석으로 삼는 것이지요. 《언어를 디자인하라》에서 저자는 독서가 '비가역적 변화'라고 합니다. 즉, 책을 읽고 나면 이전의 상태로 다시 돌아갈 수 없다는 말이지요. 어떻게든 영향을 받은 상태니까요. 우리는 이 영향을 좀 더 직접적이고, 긍정적으로 만들어갈 수 있습니다.

우리는 어떤 책을 읽고도 한 가지 이상 배울 점을 뽑아낼 수 있습니다. 정말 별로였다고 해도, 한 가지는 뽑아서 내 삶에 적용할 수 있지요. 그런 의미에서 실천하는 독서는 정말 큰 힘을 갖고 있습니다. 독서로 인생을 바꿨다고 하는 분은 다 실천이 뒤따라왔기 때문입니다.

저 또한 책의 도움을 많이 받았습니다. 처음 직장에 면접 볼 때, 직장 생활을 할 때, 경력을 쌓아나갈 때, 사람과 관계를 이어갈 때, 새로운 분야에 도전할 때, 글을 쓸 때, 퍼스널 브랜딩을 구축할 때. 매 순간 책의 도움을 받았어요. 그래서 지금도 책을 읽으면 하나라도 무엇이든 해보자고 마음먹습니다. 소설도 마찬가지예요. 가족 소설을 읽으면 부모님에게 전화 한 번이라도 더 하고, 성장 소설을 읽으면 새로운 계획이라도 한 번 더 짜 봅니다.

많은 분이 저에게 인생 책을 묻습니다. 제 인생에 큰 영향을 준 책이지요. 그래서 인생 책이라고 몇 권을 대답하면, 갸우뚱하는 분이 많아요. 큰 기대를 하고 물어봤는데, 그리 훌륭하다고 평을 받는 작품들은 아니니까요. 모두가 말하는 좋은 작품은 아니더라도, 제 인생에서 큰 전환점이 된 책들이 많습니다. 독자 중심으로 바라보았을 때, 절묘한 타이밍에 만나, 제 삶에 적극적으로 적용한 작품입니다.

제가 강력하게 추천하는 독서법 중 하나가 '내면화 질문'입니다. 우리가 앞에서 객관적 독해를 위해 거리를 두고 텍스트를 대했다면, 여기선 1인칭으로 최대한 가까이 다가가야 합니다. '만약 나라면 ~?', '나에게 ○○○란 어떤 의미일까?', '이 글이 나에게 어떤 영향을 주었나?', '내가 바로 할 수 있는 것은?' 등등 내면화 질문을 통해 삶으로 끌고 와야 합니다. 글을 읽기 전의 나와 읽은 후의 내가 달라질 수 있도록! 긍정적인 에너지를 내 것으로 만들어야 합니다.

- 내면화 질문

만약 내가 가짜뉴스의 피해를 본다면?

만약 내가 미디어 중독에 빠진다면?

나에게 미디어란, 평생 친구다!

- 삶에 적용

미디어는 시간만 보내는 것인 줄 알았는데, 유용한 기능도 많구나!

나도 미디어로 퍼스널 브랜딩을 해야겠어!

- 구체적 실천

오늘부터 내 블로그에 1일 1피드를 올릴 거야!

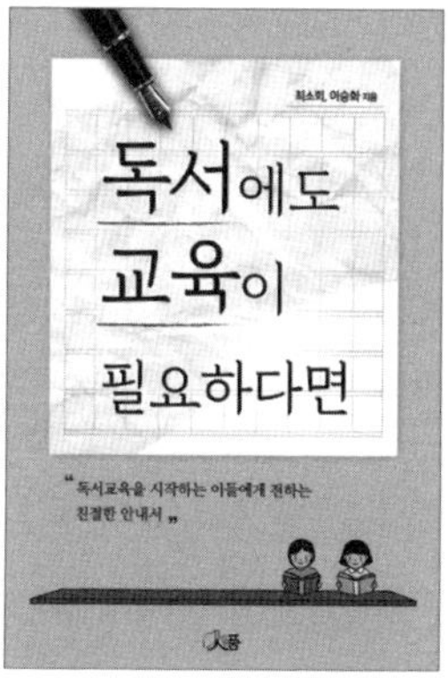

- 내면화 질문

만약 내가 독서교육을 받는다면, 어떤 영역을?

만약 내가 독서교육을 진행한다면, 누구를?

나에게 독서란, 세상을 읽는 렌즈다!

- 삶에 적용

나도 체계적인 독서를 위해서 교육을

받아야겠어! 그리고 자녀들한테도 올바른 책 읽기를 알려 줄 거야!

- 구체적 실천

  책을 읽고 짧게라도 리뷰를 남기고 사람들과 독서 모임을 해야지!

방재홍의 칼럼 〈'부끄러운 문해력' 향상하는 가장 빠른 길〉은 문해력 논란 이슈에 관해 이야기하며 극복 방법으로 독서와 일상 속 주변 문장 읽기를 추천합니다.

- 내면화 질문

  나의 문해력은 어느 정도?

  나만의 문해력 향상 비법은?

  나는 꾸준히 책 리뷰를 남긴다.

- 삶에 적용

  나도 문해력을 향상하기 위해 꾸준히 노력해야지!

- 구체적 실천

  매일 15분씩 책을 읽는 챌린지에 가입해서 인증해야지!

김영민의 칼럼 〈"추석이란 무엇인가" 되물어라〉는 위기의 순간에 던지는 정체성에 대한 질문을 강조하며 친구의 예시와 추석의 예시로 유쾌하게 풀어냅니다.

- 내면화 질문

  나의 추석 에피소드는?

  내가 정체성에 대해 질문을 했던 경험은?

  나는 꾸준히 근본적인 생각을 할 것이다!
- 삶에 적용

  위기의 순간에 정체성에 대해 질문을 해야지!
- 구체적 실천

  독서란 무엇인가, 일이란 무엇인가, 행복이란 무엇인가

  세 가지 주제로 글을 써 봐야지.

지금까지 배운 읽기 코칭은 결국 내 삶을 바꾸기 위한 과정입니다. 물론 더 좋은 방향으로 말이죠. 너무 과하다고 생각하시나요? 심지어 세상을 바꿀 수도 있습니다. 조병영 교수님의 《읽는 인간, 리터러시를 경험하라》에는 이런 문장이 나옵니다.

> "내가 오늘 텍스트를 읽는 방식이, 텍스트를 쓰는 방식이, 의미를 디자인하는 방식이 우리 사회를 바꿀 수 있을까?"라는 의구심이 밀려 와도 좌절하지 마십시오. 질문과 회의는 우리를 각성하게 하는 기제입니다. 변화는 바로 이 순간에 시작됩니다. 그때부터 여러

분의 읽기와 쓰기는 세상을 바꾸는 리터러시가 됩니다.

여러분의 읽기 능력이 삶을 바꾸는 읽기, 사회를 바꾸는 읽기로 나아갈 것을 믿습니다.

[코칭 이야기 6]

주관적 감상 영역

Q. 할 말이 없을 때?

글쓰기 수업 때, 많은 분이 막막해하는 것이 '글감 찾기'입니다. 그나마 읽을거리가 제공되고 거기에 맞는 명확한 카테고리는 하나둘씩 잘 채워나갑니다. 요약도 하고, 핵심 메시지도 찾고, 물어보는 것에는 대답을 잘하는데 마지막 "자유롭게 주관적 감상을 쓰세요."라고 하면 재미있었습니다. 이런 식으로 간단히 쓰는 분들이 있어요. 스스로 글감을 만들어내는 것이 익숙하지 않은 분들이에요.

이럴 때는 패턴 글쓰기를 활용합니다. 의도적으로 형식을 먼저 정하고 책임감으로 채워나가는 방식이에요. 시작의 고민을 덜 하게 됩니다. 저 또한 책 리뷰 때마다 고정된 형식을 적고 채워 나갑니다.

- 내용: 객관적인 작품의 내용 정리
- 감상: 주관적인 독자의 감상 정리
- 추천대상: 이 작품을 추천하고 싶은 대상
- 이미지: 이 작품을 생각하면 떠오르는 비유적 이미지
- 내면화: 나에게 적용하는 1인칭 질문

이렇게 다섯 가지 형식을 먼저 정하면 습관적으로 내용을 채우게 되고, 그러다 보면 다른 생각이 꼬리에 꼬리를 물고 덧붙게 됩니다. 나만의 고정 패턴을 만들어도 좋습니다.

Q. 할 말이 많을 때?

몇몇 분들은 자신의 감정과 생각에 충실하고, 그것을 글로 나타내는데 거침이 없어요. 칼럼에서 다룬 주제에서 더 나아가 자신의 평소 생각을 자유롭게 펼칩니다.

글에 대한 비판, 작가에 대한 비판도 가능해요. 여기선 삼천포

로 빠지는 것도 가능합니다. 하지만 이것도 선이 있어요. 글의 주제나 맥락과 너~무 동떨어지면 듣는 사람이나 읽는 사람이 당황합니다. 뜬금없는 글이 될 위험이 있어요. 그래서 표현하면서 항상 자신의 위치를 확인해야 합니다.

신나서 운전하다가도 중앙선을 지키듯이, 신호를 지키듯이, "내가 무슨 이야기를 하고 있었지?"라며 수시로 점검해야 합니다.

Q. 정리가 안 될 때?

무언가 생각은 꺼내고 싶은데, 정리가 안 되는 분들이 있어요. 정리가 안 된 상태로 내뱉거나, 머뭇머뭇하다가 기회를 놓치곤 합니다.

우선 시작과 끝만 미리 생각해도 훨씬 안정적입니다.

'이렇게 시작해서 ~ 이렇게 끝내야지.'

미리 시뮬레이션을 돌려보는 거예요.

나아가서 목차를 구성하거나 개요를 적어 보는 것도 좋습니다. 결국, 구조화하는 작업이에요. 내 생각을 체계적으로 전달하는 데 큰 도움이 됩니다. 순서대로 나열해도 좋고, 상위 개념-하위 개념을 분류해서 정리해도 좋아요. 좋은 내비게이션 역할을 해줍니다.

모든 것이 읽을거리다

어느 날 북토크를 하는데 한 분이 질문하셨습니다.

"쓰신 책의 제목을 보면 읽기에 진심이신 것 같은데, 읽기에 꽂히신 이유가 있나요?"

생각해 보니 책 제목에 읽기에 관한 내용이 많이 들어갑니다. 2016년 첫 책인 《책으로 나를 읽는 북렌즈》(매경출판)부터 《나를 중심으로 미디어 읽기》(시간여행), 《독서에도 교육이 필요하다면》(인품), 《미디어 읽고 쓰기》(시간여행)까지, 줄곧 읽기에 대해 말하네요. 여기다 《읽어도 읽은 게 아니야!》까지 추가되었습니다. 이 질문을 듣고 저 또한 다시금 생각해 보았어요.

우선 학교에서 독일어교육, 국어교육, 독서교육, 문화콘텐츠학을 공부하고 회사에서 관련 교육 콘텐츠를 지속적으로 만들었습니다. 유아 한글 프로그램부터 청소년 독서 논술 프로그램까지 두

루 개발하면서 '독서코칭'을 알게 되었고, '독서코칭 전문가'라는 이름으로 강의를 진행하기도 했어요.

그러다 책을 읽지 않는 분이 갖는 일상 속 읽기에 대한 고민을 접하고, '- 읽기 코칭 전문가'라는 이름으로 명함을 새로 만들었습니다. 많은 분이 무슨 의미냐고 물으실 때, 책, 영화, 뉴스, 관계, 사람 등에 유연하게 '- 읽기'를 붙일 수 있다고 설명하곤 했습니다. 요즘 핫한 미디어 리터러시도 굉장히 일찍 관심을 두고 연구한 이유이지요. '미디어 읽기'의 관점입니다.

문해력 논란과 함께 독해력에 직접적인 관심을 두게 된 것은, 대학생들 읽기 능력 향상 프로그램 때부터였습니다. 대학생들이 논문을 읽고 정리해서 리포트를 쓰는 데 도움이 되는 강의를 해달라는 것이었어요. 학생들과 비문학 칼럼을 읽고 학습지를 정리하면서, 단체+개별 코칭하는 방식으로 진행했습니다.

읽기에 100% 정확한 답이 있다고 생각하지 않기에, 학생의 답안을 취합하여 모범 답안을 같이 만들었지요. 하나의 짧은 글을 몇십 명이 읽고, 정리한 데이터는 정말 귀한 자료였어요. 그것을 기준으로 코칭을 진행하며 깨달은 바가 많았습니다. 첫 번째는 집단지성의 위대함. 두 번째는 읽기 코칭의 중요성이지요. 읽기는 굉장히 유연한 개념이고, 향상 가능한 능력입니다. 여러 곳으로 쉽게 전이 가능한 효율적인 능력이고요.

이 경험은 지금까지의 독서 모임, 직장 생활, 사회생활에 대한 관점을 바꾸었습니다. 책을 읽고 엉뚱한(?) 이야기를 하는 사람, 직장 업무에 적응하지 못하는 사람, 사람과 소통이 안 되는 사람의 문제를 '읽기'라는 관점으로 바라볼 수 있었지요. 확장하여 리터러시 능력을 키우면 문제 해결이 되는 부분이었습니다. 조병영 교수님의《읽는 인간, 리터러시를 경험하라》에서도 중요하게 다루는 문제이지요. 시야가 넓어지고 삶이 풍요로워집니다.

이런저런 경험 속에서 결국 '모든 것이 읽을거리다'라는 생각을 하게 되었어요. SNS 프로필에 새겨 두곤 했지요. 앞으로 무엇을 읽을 것이냐의 문제지, 지속적으로 '읽기'란 행위에 관심을 가질 예정입니다. 더욱 진심으로 '읽기'란 주제를 파헤칠 생각이에요. 아직은 낯선 '- 읽기 코칭 전문가'가 모두에게 익숙한 키워드가 되기를 바랍니다.

추천 칼럼

- 핵심 메시지 찾기: 기초 다지기
  데이터청과 데이터 거래소를 설립하자, 정재승, 중앙일보, 2019
  전국의 부장님들께 감히 드리는 글, 문유석, 중앙일보, 2017

- 어휘력과 배경 지식 자극하기: 새로운 정보 습득
  플랫폼 비즈니스의 양면성, 최태우, IT 비즈, 2022
  메타버스 중독, 이중민, 아트인사이트, 2022
  만약 인공지능이 재판한다면, 문유석, 중앙일보, 2017

- 구조와 전략 파악하기: 독특한 전략 활용
  워라밸에서 바브벨 시대로, 정재승, 중앙일보, 2018
  요거트와 노벨상, 김우재, 동아사이언스, 2020
  '부끄러운 문해력' 향상하는 가장 빠른 길, 방재홍, 독서신문, 2022

- 비판적 읽기: 반대 입장 가능
  니트를 새 시각으로 봐야할 때, 전승표, 기호일보, 2021
  내성적인 사람이 온다, 최인철, 중앙일보, 2020
  디지털 화폐의 등장, 가상화폐의 운명, 은서기, 세이프타임즈, 2021

- 심층적 읽기: 깊이 있는 의미 부여 가능
  지적 호전성, 최진석, 중앙일보, 2022
  "추석이란 무엇인가" 되물어라, 김영민, 경향신문, 2018

도서

《거시적 독서지도》 한철우, 역락
《공부머리 독서법》 최승필, 책구루
《교사를 위한 독서교육론》 김주환, 우리학교
《나를 중심으로 미디어 읽기》 이승화, 시간여행

《너무 재치 있어서 말이 술술 나오는 저학년 속담》 알음, 이창우, 키움
《다면적 읽기 능력 진단 검사》 정옥년, 학이시습
《다시, 책으로》 매리언 울프 저, 전병근 역, 어크로스
《다시, 어떻게 읽을 것인가》 나오미 배런 저, 전병근 역, 어크로스
《독서에도 교육이 필요하다면》 최소희, 이승화, 인폼
《독서교육의 이론과 실제 1, 2》 박정진 외 3명, 한우리북스
《독서교육의 이해》 변우열, 조은글터
《독서논술 디베이트》 장선에, 소울하우스
《독서 평가의 이해와 사용》 피터 애플러백 저, 조병영 외 2명 역, 한국문화사
《물고기는 존재하지 않는다》 룰루 밀러 저, 정지인 역, 곰출판
《미디어 읽고 쓰기》 이승화, 시간여행
《순례주택》 유은실, 비룡소
《인생을 결정하는 유초등 교육》 최창욱, 유민종, 이승화, 러닝앤코
《읽는 인간, 리터러시를 경험하라》 조병영, 쌤앤파커스
《유튜브는 책을 집어삼킬 것인가》 김성우, 엄기호, 따비
《읽었다는 착각》 조병영 외 6명, EBS한국교육방송공사
《페인트》 이희영, 창비

논문

〈그래픽 조직자를 활용한 NIE 연구〉, 김승연, 2015
〈디지털 시대의 독서 지도를 위한 교사교육〉, 정옥년, 2013
〈성인의 독서 경험 내러티브에 나타난 독서의 즐거움 유형 탐색〉, 김효리, 2022
〈'주제별 통합 독서(신토피컬 리딩)'의 의미와 독서 교육적 맥락〉, 박정진, 2014